NORMANDY

Unité et Diversité

Annie Lewis and Jeanine Picard

PUBLISHED BY
BRISTOL CLASSICAL PRESS

First published in 1996 by
Bristol Classical Press
an imprint of
Gerald Duckworth & Co. Ltd
The Old Piano Factory
48 Hoxton Square, London N1 6PB

A catalogue record for this book is available
from the British Library

ISBN 1-85399-440-5

Printed in Great Britain by
The Cromwell Press, Melksham

TABLE DES MATIÈRES

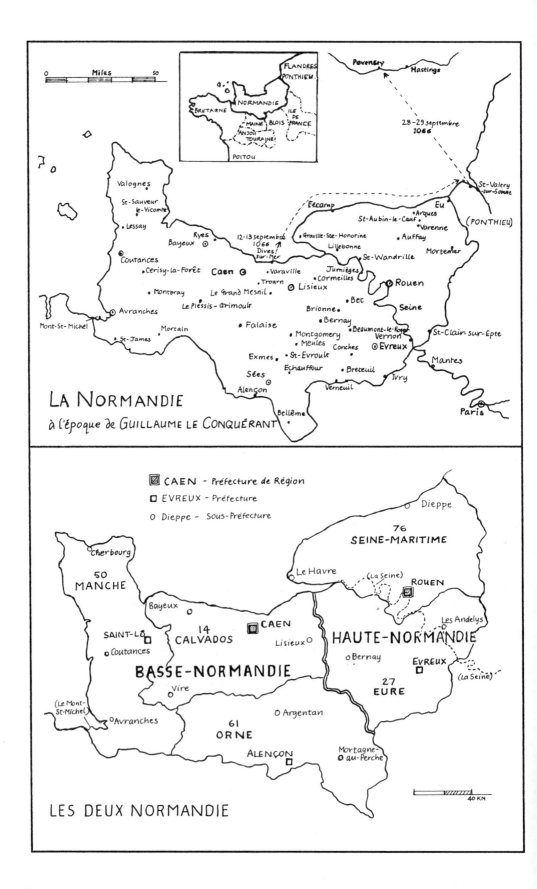

LA NORMANDIE
à l'époque de GUILLAUME LE CONQUÉRANT

Miles 0 — 50

FLANDRES
PONTHIEU
NORMANDIE
BRETAGNE
ILE DE FRANCE
MAINE BLOIS
ANJOU TOURAINE
POITOU

Pevensey
Hastings

28-29 septembre 1066

St-Valery-sur-Somme

(PONTHIEU)

Valognes
St-Sauveur-le-Vicomte
Lessay
Fécamp
Eu
Arques
St-Aubin-le-Cauf
Varenne
Auffay
Mortemer
Ryes
Graville-Ste-Honorine
Bayeux
12-13 septembre 1066
Lillebonne
Dives-sur-Mer
St-Wandrille
Coutances
Cerisy-la-Forêt
CAEN
Varaville
Jumièges
Cormeilles
Rouen
Montbray
Troarn
Lisieux
Le Grand Mesnil
Seine
Le Plessis-Grimoult
Bec
Avranches
Brionne
Mont-St-Michel
Bernay
Beaumont-le-Roger
St-Clair-sur-Epte
St-James
Mortain
Falaise
Montgomery
Vernon
Meulles
Conches
Evreux
Exmes
St-Evroult
Mantes
Échauffour
Breteuil
Sées
Ivry
Alençon
Verneuil
Bellême
Paris

LES DEUX NORMANDIE

▨ CAEN - Préfecture de Région
☐ EVREUX - Préfecture
O Dieppe - Sous-Préfecture

Dieppe

76
SEINE-MARITIME

Cherbourg

50
MANCHE

Le Havre
(La Seine)
ROUEN

Bayeux

14
CALVADOS
CAEN
Lisieux
Les Andelys
SAINT-LÔ
HAUTE-NORMANDIE
Coutances
Bernay
BASSE-NORMANDIE
EVREUX
Vire
(La Seine)
(Le Mont-St-Michel)
27
EURE
Avranches
Argentan
61
ORNE
Mortagne-au-Perche
ALENÇON

40 KM

INTRODUCTION

UNE NORMANDIE OU DES NORMANDIE?

La Normandie est un ancien duché indépendant qui est devenu ensuite province française jusqu'à la Révolution Française de 1789. Lors de la réorganisation des régions françaises en 1955, elle a été divisée en deux régions administratives distinctes, la Basse-Normandie et la Haute-Normandie.

Les deux régions comprennent cinq départements:

- en Haute-Normandie:
  – l'Eure (préfecture[1]: Evreux)
  – la Seine-Maritime (préfecture: Rouen)

- en Basse-Normandie:
  – le Calvados (préfecture: Caen)
  – la Manche (préfecture: Saint-Lô)
  – l'Orne (préfecture: Alençon)

[1] chief town of a *département*

• *Nom de région*

Mais d'abord, pourquoi ces noms de *Haute*-Normandie et de *Basse*-Normandie? Pour beaucoup, le nom *Basse*-Normandie évoque une situation un peu inférieure et subordonnée par rapport à la *Haute*-Normandie.

En fait, on retrouve, avant la Révolution Française de 1789, le nom 'haut' et 'bas' dans d'autres provinces françaises, Haut-Poitou/ Bas-Poitou notamment. A l'époque, on appelait 'haut' le pays qui possédait la capitale traditionnelle, c'est-à-dire Rouen dans le cas de la Normandie. Ces anciens noms ont été conservés lorsqu'on a redéfini les régions françaises en 1955.

Cependant, en Basse-Normandie, certains voudraient changer le nom de la région et l'appeler tout simplement *Normandie*. Une proposition peu appréciée en Haute-Normandie, bien sûr!

• *La division en deux régions*

A cause de leur division, les deux régions normandes sont d'une superficie et d'une population plutôt réduites comparées à d'autres régions françaises.

Lors du dernier recensement[2] de la population française en 1990:

[2] census

v

– la Basse-Normandie comptait **1 391 961 habitants**
(2.5% de la population française);
– la Haute-Normandie, **1 737 247 habitants** (3% de la
population française).

D'autres régions françaises ne possèdent que deux
départements. C'est le cas de la Corse, du Nord – Pas-de-Calais,
de l'Alsace. Cependant, la région Midi-Pyrénées en a huit. On
aurait donc pu concevoir **une** Normandie avec cinq
départements.

Le problème réside dans le fait que la Normandie possède
deux grandes villes qui ont eu dans le passé le statut de capitale.
Il s'agit des villes de Rouen et de Caen. Devant l'impossibilité
de faire un choix entre ces deux villes, on a préféré la division
au conflit.

• *Une unité normande*

La Normandie d'aujourd'hui ne semble pas posséder une identité
qui la différencie fondamentalement des régions françaises voisines,
que ce soit dans le domaine de la langue, de la culture ou de la
religion. Il n'y existe pas de mouvement politique réclamant
l'indépendance de la Normandie.

Il existe pourtant une unité dans cette province et c'est
dans **le passé** qu'il faut la chercher. La Normandie, qui doit son
nom aux hommes du **nord** qui s'y installèrent à partir du 9ème
siècle, possède en effet une identité historique et une tradition
juridique qui lui ont fait connaître de grandes heures de gloire
avant son rattachement définitif à la France en 1450. Il faudrait
sans doute inclure dans cette Normandie historique **les îles
anglo-normandes**. Situées à quinze kilomètres des côtes

3 Alderney and
Sark

normandes, Jersey, Guernesey, Aurigny et Sercq[3] en sont les îles
principales. Elles sont restées britanniques par une sorte
d'accident de l'histoire. Nous y reviendrons.

Plus récemment, la Seconde Guerre mondiale a contribué
à la réputation internationale de la Normandie. Ce sont les

4 D-Day landing
beaches

fameuses **plages du Débarquement**[4] qui permettent à de
nombreux étrangers de situer exactement la Normandie sur une
carte de France.

• *La diversité géographique et économique*

L'unité de la Normandie n'est certainement pas le résultat de la
géographie ou de l'économie. A l'exception des côtes de la Manche,
la Normandie n'a pas de frontières naturelles évidentes.
Géographiquement, elle se présente comme une terre de contrastes:

• à l'est, le paysage est dominé par de grands plateaux

5 chalky
6 farms

crayeux[5]. De grandes exploitations agricoles[6] y cultivent
des céréales, betteraves à sucre...

• au centre, on trouve un mélange de prairies et de petits champs. L'agriculture s'y est orientée très tôt vers l'élevage[7].

7 livestock farming

• à l'ouest, les collines sont recouvertes de petits champs bordés de haies[8] . Elles constituent ce que l'on appelle 'le bocage' et pratiquent surtout l'élevage.

8 hedges

Ces contrastes ont donné naissance à des modes de vie différents:

• La Basse-Normandie est restée plutôt **rurale**, avec ses herbages[9], ses éleveurs de chevaux, ses producteurs de fromage et de beurre...

9 pastures

• La Haute-Normandie par contre est plus **urbaine et industrialisée**.

• *L'importance de la Seine.*

La Seine est un grand fleuve qui a permis très tôt des communications faciles entre Paris et la mer du Nord. **La vallée de la Seine**, très urbanisée, est un axe de communication majeur en France avec son transport fluvial, ses oléoducs, ses chemins de fer et ses autoroutes.

La Seine ne constitue pas, comme on pourrait le penser, la frontière entre la Basse-Normandie et la Haute-Normandie, mais elle divise toutefois profondément le Normandie. Pendant longtemps, elle est restée difficile à traverser et a créé de nombreuses rivalités entre les deux rives[10].

10 banks

• *Une province bénie des dieux*

A première vue, la Normandie semble réunir tous les ingrédients qui peuvent apporter bonheur et prospérité aux habitants. C'est à la fois une province agricole, commerciale, industrielle, maritime, touristique, culturelle et universitaire:

• Du point de vue **agricole**, c'est une région à terre riche, qui a développé très tôt une agriculture bien organisée, orientée vers la vente de ses produits, alors que d'autres régions, comme la Bretagne, se contentaient de consommer leur production.

• De par sa **position stratégique** face à l'Angleterre et proche de Paris, la Normandie a toujours été une région **commerciale**. L'**industrie** s'y est tout naturellement développée.

• Bordée par La Manche, la Normandie possède en outre une **façade maritime** de 600 kms qui abrite de nombreux **ports de pêche et de commerce**.

• A partir du 19ème siècle, **le tourisme** y a pris son essor[11] et c'est encore de nos jours, malgré l'attraction

11 has taken off

pour des destinations plus lointaines, une région très appréciée des visiteurs, en particulier parisiens, qui y viennent facilement passer le week-end.

• De tous temps, la Normandie a connu une **vie intellectuelle, artistique et littéraire** active. Enfants du pays ou d'adoption, certains des plus grands noms de la vie culturelle française sont liés directement ou indirectement à cette province. La vie **universitaire** s'y est elle aussi développée très tôt. Dès 1437, les Anglais fondèrent à Caen une université ayant pour objectif de concurrencer l'influence de l'université de Paris.

• *Une province qui 'se repose sur ses lauriers'*

12 examined
more closely

Cette image de province riche doit pourtant être nuancée[12]. On dit souvent que, comparée à d'autres régions françaises moins bien avantagées par la nature qui ont dû se battre pour survivre, la Normandie s'est endormie et s'est laissé dépasser dans de nombreux domaines.

Plus récemment, la crise économique a frappé la Normandie, spécialement la Haute-Normandie, région aux industries anciennes. A la disparition de certaines industries traditionnelles sont venus s'ajouter les problèmes de l'agriculture et de la pêche. Aujourd'hui, le taux de chômage élevé crée de nombreuses inquiétudes quant à l'avenir économique de la province.

1 LA NORMANDIE HISTORIQUE

L'histoire est sans nul doute l'élément de base qui unit Haute et Basse-Normandie. Il est impossible en effet de séparer leurs deux histoires car les deux régions forment ce que l'on appelle la **Normandie historique**.

L'écrivain d'origine normande, Barbey d'Aurevilly, disait dans *Les Diaboliques*, ouvrage publié en 1874, que Normands et Anglais sont 'fils de la même barque'. Il est vrai que l'histoire de la Normandie est intimement liée non seulement à celle de la France, mais aussi à celle de l'Angleterre.

LA NORMANDIE AVANT LES VIKINGS

• *La Normandie préhistorique*

A la différence de la Bretagne et de ses célèbres monuments mégalithiques[1], il reste de nos jours peu de traces frappantes de la Normandie préhistorique. On sait que la Normandie était occupée à cette époque car les crânes humains, silex[2], sépultures, outils en bronze puis en fer, ont permis de retracer les différentes civilisations qui ont vécu sur ce territoire.

1 like the standing stones in Carnac

2 flints

• *Les Celtes*

La Normandie a été peuplée par les Celtes, regroupés en tribus, probablement à partir du second millénaire avant Jésus-Christ. Ils créent les premiers lieux fortifiés connus comme *Canada* (près de Fécamp), *Limes* (près de Dieppe), *Rotumagos* (Rouen) mais la région ne connaît encore aucune unité.

Dès cette époque, des liens s'établissent avec la Cornouaille britannique pour le commerce de l'étain[3] et avec l'Irlande pour le commerce de l'or. Grâce à sa navigabilité, la Seine joue déjà son rôle commercial et la Normandie profite de sa situation géographique face à l'Angleterre pour développer son commerce.

3 tin

• *La conquête romaine*

En 56 avant Jésus Christ, la région est occupée par les Romains après une résistance de deux ans. On a peu de documents écrits sur la région pendant cette période. Les Romains laissent surtout des traces matérielles comme la construction de villes et de routes.

Les cités romaines se développent le long de la Seine. *Rotomagus* (Rouen) et *Juliobona* (Lillebonne) en sont les principales. Les cités sont reliées par de belles routes droites et le commerce entre Lutèce, ancien nom romain de Paris, et la côte sud de l'Angleterre se développe.

Lors de la réforme administrative de l'empire romain en 375, la Normandie acquiert pour la première fois son unité administrative en devenant **la Deuxième Lyonnaise**[4] avec Rouen pour capitale, région qui correspond plus ou moins à la Normandie actuelle.

A partir de cette époque, la Normandie se sépare donc une fois pour toutes de l'Armorique[5] avec laquelle elle avait été plus ou moins confondue jusque-là.

On retrouve encore aujourd'hui l'influence de la présence romaine dans certains noms de lieu:

4 *La Première Lyonnaise* is around Lyon

5 ancient name of Brittany

TOPONYMIE ROMAINE	
Nom latin	**Nom actuel**
Albinus	Aubigny
Florus	Fleury
Julius	Juilley
Romanus	Romagny
Remus	Remilly
Sabinus	Savigny
Servus	Servigny
Ruffus	Rouffigny

E. Vivier, *L'Histoire de la Manche*, Nantes, 1938

• *L'influence germanique*

A la fin du 2ème siècle, commencent ce que l'on a appelé 'les invasions barbares', une période instable et assez mal connue de l'histoire. Des Saxons, suivis au 5ème siècle par des Francs, envahissent la province.

Les envahisseurs s'approprient les grands domaines et en changent parfois le nom: certaines '*villae*' romaines deviennent '*curtes*'. C'est ce qui explique qu'en Normandie de nos jours, le nom de nombreux villages et villes se termine toujours en 'ville' ou en 'court'.

Par ailleurs, le nom germanique *ham* qui signifie 'habitation' se retrouve également dans la toponymie normande. Donc, 'Ouistreham' est l'équivalent de 'West Ham' en anglais.

• *La christianisation de la Normandie*

La 'Deuxième Lyonnaise' est christianisée à partir du 3ème siècle. On sait, d'après un texte de Saint Victrice, *De Laude sanctorum*, écrit vers 396, que Rouen était 'connue au loin et comptée parmi les villes qu'embellissent les sanctuaires'.

La christianisation continue malgré les invasions germaniques. Au 7ème siècle, sous le roi franc Clovis, la vie monastique se développe. C'est de cette époque que date la première phase de la construction de l'abbaye de Fontenelle, de l'abbaye de Jumièges et du Mont-Saint-Michel.

LES VIKINGS EN NORMANDIE

• *Première phase (790 - 911): raids et pillage*

A la fin du 8ème siècle, on assiste à l'arrivée des 'hommes du nord', ces **Normands** qui donneront leur nom à la Normandie. Les Vikings sont à la recherche de butin[6], d'esclaves et de prisonniers qu'ils libèrent contre paiement d'une rançon.

6 loot, spoils

Les légendes et témoignages de l'époque présentent toujours les Vikings comme des pillards cruels, mais on sait aujourd'hui qu'ils étaient aussi d'habiles marchands, des explorateurs et des artistes.

L'Ecosse, l'Angleterre et l'Irlande avaient été les premières victimes des raids normands: l'abbaye de l'île de Lindisfarne en 793 en est le premier exemple connu.

C'est ensuite au tour de la Gaule[7] d'être terrorisée par ces hommes du nord et leurs navires, les **drakkars**, longtemps appelés ainsi à cause des dragons que les Normands sculptaient à la proue[8]. Ces drakkars sont la clef de la réussite des Vikings: ils sont capables de naviguer en haute mer mais en plus, leur fond plat permet la navigation sur les rivières et donc le commerce fluvial.

7 ancient name of France

8 bow

Ils s'attaquent aux abbayes situées le long du littoral ou des rivières, non pas par sentiment anti-religieux mais parce que c'est là que sont abrités tous les trésors de l'époque.

La première attaque scandinave connue dans la vallée de la Seine a lieu en 820.

En 841, les pirates scandinaves remontent la Seine jusqu'à Rouen, pillent la ville et incendient[9] l'abbaye de Jumièges:

9 **burn down**

L'année de l'Incarnation du Seigneur 841, le 12 mai, arrivèrent les Normands avec leur chef Oscher. Le 14 mai, ils incendièrent la ville de Rouen, le 16 mai ils la quittèrent. Le 24 mai, ils brûlèrent le monastère de Jumièges. Le 25, celui de Fontenelle fut exempté du pillage contre une somme de six livres. Le 28 mai arrivèrent les moines[10] de Saint-Denis qui rachetèrent soixante-huit captifs contre une rançon de

10 **monks**

11 pagans

vingt-six livres. Le 31 mai les païens[11] reprirent la mer...

(Premières Annales de Fontenelle, in Choix de textes sur l'histoire de la Normandie,
Institut National de recherche et de documentation pédogogiques)

Dix ans plus tard, en 851, les Vikings passent l'hiver sur la Seine:

12 from top to
bottom

Vers le même temps, la flotte normande pénétra dans la Seine le 13
octobre sous la conduite d'Oscher qui, quelques années plus tôt, avait
dévasté et brûlé la ville de Rouen en l'an 841 et pendant onze ans, avait
vécu de pillages en diverses régions, notamment à Bordeaux... d'où ils
venaient alors. Ils s'attaquèrent au monastère de Fontenelle, et, pour
commencer, dévastèrent toutes ses possessions: puis enfin,
quatre-vingt-neuf jours après leur entrée en Seine, le 9 janvier 852, ils
l'incendièrent de fond en comble[12], 218 ans, 1 mois et 13 jours après sa
fondation... Ils demeurèrent dans la Seine depuis le 13 octobre jusqu'au
5 juin, pendant 287 jours et ayant rempli leurs navires de butin,
revinrent à Bordeaux. Les régions voisines de la Seine témoignèrent
que depuis l'origine des nations jamais on n'entendit parler d'une
pareille extermination en ces territoires. Ils en firent tant qu'aucun
chroniqueur prudent ne pourrait réussir à énumérer leurs atrocités,
c'est pourquoi j'ai passé sous silence beaucoup de choses, car je voulais
rester bref.

(Premières Annales de Fontenelle, in
Choix de textes sur l'histoire de la Normandie)

• *Deuxième phase: l'occupation permanente*

En 911, devant l'impossibilité de lutter contre les attaques des
Vikings, Charles V, roi de France, donne une grande partie de la
Normandie actuelle au chef viking, Rollon:

Qui était Rollon?

De nombreuses légendes existent sur Rollon. Il était
probablement d'origine norvégienne et avait séjourné en
Ecosse avant de venir en Gaule. Il avait sans doute essayé sans
succès d'attaquer Paris.

Par le traité de Saint-Clair-sur-Epte, Rollon reçoit un vaste
territoire. En échange, il promet de devenir chrétien et doit
empêcher toute autre invasion viking.

Pour le roi de France, cet accord sera un grand succès: à partir
de la signature du traité, les Vikings ne remonteront plus la Seine
pour attaquer Paris.

Rollon devient ainsi le **premier duc de Normandie**. Et la
synthèse se fait entre l'héritage chrétien et scandinave:

Les Normands, en repartant, trouvant une terre vide, s'établirent à
Rouen avec leur prince Rollon. Celui-ci, devenu chrétien, fit décapiter
devant lui plusieurs captifs en l'honneur des dieux qu'il avait adorés.
En même temps, il distribue aux églises des Chrétiens, un immense
poids d'or en l'honneur du vrai Dieu, au nom duquel il avait été
baptisé... Rollon étant mort, son fils Guillaume commanda à sa place:
il avait été baptisé dès l'enfance et toute la foule des Normands qui

s'étaient fixés à côté de la France, reçut la foi du Christ et, abandonnant sa langue païenne, s'accoutuma au langage latin.

> (Adhémar de Chabannes, *Chroniques*, éd. J. Chavanon, in
> *Choix de textes sur l'histoire de la Normandie*)

• *Troisième phase: l'assimilation*

Probablement peu nombreux, les Vikings se fondent[13] dans le reste de la population et la Normandie oublie très vite la langue de ses conquérants, **le norois**. Les nouveaux arrivés ne font d'ailleurs rien pour imposer leur langue et l'on estime que l'usage du norois à la cour des ducs de Normandie s'est perdu en deux ou trois générations.

13 merge with

De nos jours, l'héritage linguistique scandinave en Normandie semble assez maigre. En outre, il est difficile de différencier les mots d'origine scandinave de ceux d'origine germanique. Il est certain néanmoins que les noms commençant par Thor, dieu du tonnerre chez les Vikings, sont d'origine scandinave.

On retrouve toutefois quelques exemples de mots et de noms dont l'origine est certainement scandinave:

• **des noms de personnes**: Angot, Anquetil, Burnouf, Canu, Frémont, Osouf, Thorin, Thouroude, Toustain, Toutain, Tostain, Turgis

• **des noms de lieux**: Bierville (du nom d'un chef normand Bier), Indouville (de Ingouf), Rouville (de Rolf), Tournebut; les noms de villages en -bec comme Bolbec, Caudebec (*baek* signifie 'ruisseau' en danois)

• **des termes maritimes** passés du norois en français: la crique[14], les 'dics' (digues), le 'nez' (cap)

14 cove

• *L'héritage viking*

Au 19ème siècle, le 'nordisme', culte de l'homme blond, grand et fort, fut réhabilité en Europe, ce qui explique en partie l'enthousiasme de certains historiens pour la période viking, enthousiasme qui, poussé à l'extrême, préfigure les excès du nazisme.

Sans aller jusque-là, on peut dire que la contribution de la civilisation scandinave est reconnue de nos jours. Elle a fait l'objet d'expositions, à Paris et à Londres notamment, qui attirent un vaste public et qui mettent l'accent sur l'influence commerciale et culturelle des Vikings.

Quant aux Normands d'aujourd'hui, ils restent fiers de leurs origines et de leur héritage viking.

15 peak

L'APOGÉE[15] DE L'ÉTAT NORMAND ET LE ROYAUME ANGLO-NORMAND

Les successeurs de Rollon rétablissent l'ordre alors que le reste de la France vit encore dans une certaine anarchie. Le plus fameux des ducs de Normandie est sans nul doute **Guillaume le Conquérant**.

• *Qui était Guillaume le Conquérant?*

Né en 1028 à Falaise dans le Calvados, Guillaume le Conquérant, appelé aussi Guillaume Le Bâtard, est le fils illégitime du duc de Normandie. Vers 1050, Guillaume, malgré l'interdiction du pape, épouse Mathilde de Flandre.

En tant que cousin du roi Edouard d'Angleterre qui meurt sans enfants, Guillaume a des droits sur le royaume anglais, droits qu'il impose en 1066 lors de la **bataille d'Hastings**. Il établit une monarchie forte en Normandie et en Angleterre, fondée sur le régime féodal et sur une administration efficace.

Il préfère Caen à Rouen, ce qui provoque, dès cette époque, une division entre les deux villes normandes.

• *La tapisserie de Bayeux*

La tapisserie de Bayeux est une broderie de soixante-dix mètres de longueur sur cinquante centimètres de largeur. Elle décrit en cinquante-huit scènes la préparation puis l'invasion de l'Angleterre, entre 1064 et 1066, par Guillaume le Conquérant et ses chevaliers[16] normands.

16 knights
17 goes back
on his word

La tapisserie raconte qu'Harold rend visite à Guillaume pour lui annoncer qu'Edouard, son cousin sans enfants, l'a choisi comme successeur à la couronne d'Angleterre.

Lors de son voyage, Harold est fait prisonnier par un comte de Picardie qui demande une rançon pour sa libération. Il est libéré par Guillaume qu'il promet d'aider à devenir roi d'Angleterre.

Mais, à la mort d'Edouard, Harold revient sur sa parole[17] et se fait couronner roi d'Angleterre. Guillaume traverse alors la Manche avec sa flotte et ses soldats. A la bataille d'Hastings, Harold reçoit dans l'oeil une flèche mortelle.

Tapisserie de Bayeux – La mort d'Harold

• *La conquête de l'Angleterre: la réalité historique*

La réalité historique est un peu différente!

Guillaume avait obligé Harold à renoncer au trône d'Angleterre lorsque celui-ci avait été fait prisonnier. Cependant, de son côté, Edouard avait reconnu Harold, populaire en Angleterre à cause de ses origines anglo-saxonnes, comme son successeur.

Guillaume, aidé par le pape de l'époque qui trouvait que la cour d'Angleterre payait bien mal sa contribution à l'Eglise catholique, veut faire reconnaître son droit à la couronne anglaise: le 28 septembre 1066, l'armée de Guillaume part en direction de l'Angleterre où elle arrive le lendemain. La bataille d'Hastings a lieu le 14 octobre et est remportée par les troupes de Guillaume. Le 25 décembre 1066, Guillaume est couronné **roi d'Angleterre** à Westminster.

• *Après la conquête*

Guillaume distribue les terres des nobles anglais tués à Hastings à ses chevaliers qui possèdent donc maintenant des terres en Normandie et en Angleterre. Le sort de la Normandie et de l'Angleterre est maintenant lié.

Cependant, à partir de cette date, Guillaume passe plus de temps en Angleterre qu'en Normandie et laisse la Normandie sous la régence de sa femme, la reine Mathilde. Dès lors, les intrigues se développent au sein même de sa propre famille.

LE BILAN[18] DE L'OEUVRE DES DUCS

18 achievements, record

La Normandie connaît à cette époque son apogée en tant que duché indépendant. Elle étend même ses territoires et au 11ème siècle, conquiert la moitié de l'Italie. Quelle était donc la clef de sa réussite?

• *Des institutions féodales fortes*

Dans tous leurs territoires, les ducs mettent en place **un état féodal** avec une structure administrative forte mais aussi des **traditions de liberté**. Contrairement aux autres états européens de l'époque, le servage[19] n'existe pas. Des habitudes juridiques, dont on retrouve encore certaines aujourd'hui dans les îles anglo-normandes, se développent.

19 serfdom

Les ducs conservent le droit qu'avaient les chefs vikings de bannir un indésirable, droit appelé *'ullac'*, *outlaw* en anglais.

Les historiens considèrent qu'en 1066, lors de la conquête de l'Angleterre, la Normandie avait cinquante ans d'avance sur la plupart des autres nations européennes, à l'exception de la civilisation arabe en Espagne.

Elle représentait l'état féodal le mieux organisé d'Occident. Les 'états de type normand' ont fait l'objet d'un intérêt particulier comme ici, cette analyse de l'Etat de Sicile faite par l'historien italien, Benedetto Croce:

> Etat qui resplendit comme un modèle pour tous les autres états d'Europe au 12ème siècle, [..] où l'on vit pour la première fois une législation qui ne fût pas barbare, une administration et des finances ordonnées, où pour la première fois gouvernèrent des souverains qui étaient des hommes d'Etat, des ministres et des diplomates qui servaient les intérêts de l'Etat, où, pour la première fois, s'affirma l'idée de la monarchie absolue, laïque [20] et éclairée[21].

20 lay, non-religious

21 enlightened

• *Un esprit normand?*

Certains prétendent que les Normands ont légué aux territoires qu'ils ont occupés un **'esprit normand'**. En quoi consisterait-il? C'est un mélange, dit-on, de facilité d'adaptation, de pragmatisme, de prudence et de méfiance.

De nombreux stéréotypes ont attribué ces caractéristiques jusqu'à nos jours aux Normands et... aux Anglais!

LE RATTACHEMENT DE LA NORMANDIE À LA FRANCE

22 Eleanor

En 1152, Aliénor[22] d'Aquitaine divorce du roi de France et épouse l'héritier de la Normandie et de l'Angleterre, Henri Plantagenêt,

23 dowry

apportant en dot[23] l'Aquitaine.

La Normandie fait maintenant partie d'un immense territoire qui va de l'Ecosse aux Pyrénées... et qui menace la France! Des guerres qui vont durer trois siècles commencent entre la France et l'Angleterre.

• *La première annexation de la Normandie à la France*

Philippe Auguste gouverne maintenant la France et essaie de rassembler ses territoires. Il accepte mal que la Normandie soit anglaise:

> Richard Coeur de Lion, fils d'Aliénor d'Aquitaine, est couronné duc de Normandie à Rouen le 20 juillet 1190 et roi d'Angleterre à Londres le 3 septembre. Philippe Auguste et Richard Coeur de Lion partent en croisade et se disputent. Philippe revient en France, alors que Richard est fait prisonnier pendant son voyage de retour.
>
> Pendant son absence, Jean sans Terre[24], frère de Richard, promet de donner une partie de la Normandie à Philippe Auguste. Richard revient; son frère s'enfuit et Philippe Auguste se fait battre par Richard Coeur de Lion. En 1196, Richard fait construire la forteresse de Château-Gaillard aux Andelys. La forteresse domine la vallée de la Seine et protège Rouen.
>
> A la mort de Richard, Jean sans Terre lui succède. En 1202, Philippe Auguste occupe une partie de la Normandie. Pendant

24 John of Gaunt

l'été 1203, il prend Château-Gaillard, un exploit jugé impossible étant donné les défenses de la forteresse. Caen et Rouen tombent après un siège de deux mois alors que Jean sans Terre, sans s'arrêter, selon la légende, de jouer aux échecs, répond à ses envoyés qu'il ne peut rien pour les deux villes.

C'est ainsi qu'en 1204, la Normandie entière, à l'exception de Dieppe qui deviendra française en 1207, est annexée à la couronne de France. C'est la fin de l'état ducal.

• *L'exception des îles anglo-normandes*

Ne disposant pas d'une flotte[25], Philippe Auguste ne peut saisir les îles anglo-normandes. Ces îles resteront britanniques jusqu'à aujourd'hui, malgré leur proximité des côtes françaises.

    De nos jours, elles sont toujours très marquées par l'influence normande: on y parle encore le vieux normand; l'ancien droit coutumier[26] normand, enseigné seulement à l'Université de Caen, y cohabite toujours avec le droit anglais.

25 navy

26 common law

• *La Normandie française*

Les longues absences des ducs et la personnalité peu sympathique de Jean sans Terre expliquent que les Normands s'habituent assez bien à la domination française. La paix et la prospérité reviennent. La Normandie conserve ses propres institutions.

• *La Charte aux Normands*

En 1315, après une période de troubles, le roi de France signe **la Charte aux Normands**, un document qui garantit à la province une certaine autonomie: les affaires normandes sont traitées par l'assemblée de Rouen, et non pas par le Parlement de Paris. La Normandie doit en contrepartie consentir à payer des impôts.

LA GUERRE DE CENT ANS

Après un siècle de paix, les guerres reprennent entre la France et l'Angleterre et la Normandie se retrouve inévitablement au centre de ces batailles.

• *Première invasion anglaise*

Le roi d'Angleterre, Edouard III, débarque en Normandie en 1346 et y remporte victoire sur victoire. Quelques années plus tard, le roi de France, Charles V, avec l'aide du Breton Bertrand Du Guesclin, repousse les Anglais.

• *Deuxième invasion anglaise*

Henri V d'Angleterre, qui veut 'reconquérir son héritage', occupe Honfleur en 1415 et le 25 octobre, détruit l'armée française à Azincourt en Picardie. Les villes normandes tombent les unes après les autres aux mains des Anglais:

Le siège de Rouen par Henri V (1418-1419)

45 000 Anglais campèrent sous les murs de Rouen le 29 juillet 1418. Les Rouennais décidèrent de défendre énergiquement leur ville... Six mille hommes d'armes et seize mille bourgeois[27] armés, sous les ordres d'Alain Blanchard, défendirent la cité...

Mais le danger le plus grand était celui de la famine. Le pain devint très rare et la viande introuvable; les chiens, les rats, les souris coûtaient très cher. La résistance s'avérait impossible...

Bientôt les notables durent se rendre, la corde au cou, en plein hiver, au camp du vainqueur à Saint-Hilaire; des négociations furent ouvertes. Henri V demanda une reddition[28] sans conditions. Les Rouennais, acculés[29] au désespoir, résolurent de brûler leur ville.

Le roi d'Angleterre accorda alors une capitulation avec rançon (300 000 écus d'or)... Henri V fit son entrée à Rouen par la porte Beauvoisine le 19 janvier 1419, au milieu d'une population décimée par la famine: 40 000 habitants avaient succombé.

A. Famin, *Histoire de Rouen et sa région*, Ed. Defontaine, 1942

---

27 burghers in the Middle Ages

28 surrender
29 driven to

Henri V respecte les traditions normandes. Son frère, le duc de Bedford, crée même, en 1432, l'université de Caen. La prospérité revient.

Toutefois, dans d'autres parties de la France, la résistance contre l'occupant anglais s'organise:

Jeanne d'Arc et la Normandie

En Lorraine, Jeanne d'Arc entend la voix de l'archange Saint-Michel qui lui demande de secourir le roi de France. Dans les années qui suivent, elle aide le roi de France 'à bouter[30] les Anglais hors de France'.

La Normandie est tristement célèbre dans cette histoire: elle ne connaîtra Jeanne d'Arc que prisonnière, quand elle est vendue au duc de Bedford pour 10 000 écus. Son procès a lieu à Rouen, ville jugée plus sure que Paris. Jeanne d'Arc est accusée d'hérétisme et de sorcellerie[31].

L'évêque Cauchon lui demande: 'Dieu hait-il les Anglais?' Jeanne répond: 'De l'amour ou de la haine que Dieu a pour les Anglais, et ce qu'il fait de leurs âmes, je n'en sais rien; mais je sais bien qu'ils seront mis hors de France, sauf ceux qui y périront'.

Elle est condamnée et brûlée sur la place du Vieux Marché à Rouen en 1431. La statue de Jeanne d'Arc sur cette place attire encore aujourd'hui des milliers de visiteurs.

---

30 to 'kick out'

31 witchcraft

• *La reconquête française*

En 1449 et 1450 a lieu la reconquête française de la Normandie. La Normandie est maintenant **définitivement rattachée à la France**. Le 6 février 1515, l'assemblée de Rouen devient Parlement. La Normandie a maintenant les mêmes institutions que le reste du pays. Elle garde cependant son unité administrative.

La paix revenue, la Normandie peut concentrer ses efforts sur la prospérité économique. C'est une région fertile. L'agriculture se développe. Le textile, avec notamment la laine, le lin et le chanvre[32], est en pleine expansion. Surtout, l'Europe vit à l'heure des 'grandes découvertes' après le voyage de Christophe Colomb en Amérique en 1492.

32 hemp

Signe de sa prospérité, la Normandie paie, à cette époque, **le quart des impôts de toute la France**.

LA NORMANDIE DU 16ème SIÈCLE AU 19ème SIÈCLE

L'histoire de la Normandie se confond maintenant, pour le meilleur et pour le pire, avec celle de la France. Elle vit toutefois, de façon plus intense que d'autres provinces françaises, certaines phases de son histoire:

• *L'ouverture maritime*

Au 16ème siècle, l'économie maritime triomphe en Europe. Les régions proches de la Manche et de la mer du Nord connaissent un développement commercial intense. **La pêche à la morue**[33] se développe et Dieppe devient le plus grand port morutier de Normandie.

33 cod

En 1517, le roi François 1er fait construire un nouveau **port de guerre au Havre** pour protéger la France de la menace anglaise.

Pourtant, à partir de 1600, la France devient une grande puissance continentale et commence à négliger ses affaires maritimes. La Normandie n'est plus capable de faire concurrence aux autres régions maritimes du nord de l'Europe. L'Angleterre et les Pays-Bas deviennent, par contre, de grandes puissances maritimes et commerciales.

• *Le centralisme français*

Avec le règne de Louis XIV (1643-1715), la France connaît une période de centralisme. Le Parlement de Rouen perd son pouvoir politique et devient une Cour de Justice comme les autres Parlements de province.

En 1664, Colbert, ministre de Louis XIV, choisit Le Havre comme base de la *Compagnie des Indes occidentales*. Le Havre a donc le monopole du trafic avec cette partie du monde.

En 1685, l'Edit de Nantes qui donnait certaines libertés aux Protestants, aussi appelés **Huguenots**, est aboli. Les Protestants sont nombreux en Normandie. Ils décident de partir en grand nombre: 180 000 sur les 200 000 protestants normands émigrent plutôt que de perdre leur religion.

La Normandie en souffre beaucoup, en particulier Rouen. On estime qu'elle vit partir un quart de sa population. Même si ce chiffre est sans doute exagéré, il est certain que ce furent surtout des artisans et des marchands qui partirent, mettant en péril le développement artisanal des villes normandes.

• *La Normandie et la Révolution*

Lorsqu'en 1786 Louis XVI visite Rouen, la Normandie connaît, comparée à d'autres provinces françaises, une certaine prospérité. Il y existe pourtant un malaise, causé principalement par le système fiscal injuste.

Lorsque commence la Révolution de 1789, les Normands y sont d'abord plutôt favorables. Cependant, les excès, en matière religieuse notamment, changent rapidement les attitudes; une petite partie de la population dans l'ouest de la province se laisse séduire par le mouvement Chouan[34].

34 counter-revolutionaries normally associated with Brittany

En 1793, la Normandie perd son unité administrative: toute la France est découpée en départements. Les provinces françaises et leurs Parlements sont supprimés. La Normandie est désormais divisée en **cinq départements**, qui sont ceux d'aujourd'hui.

La résistance normande à la Révolution a son héroïne, Charlotte Corday, née dans l'Orne, qui assassine le révolutionnaire Marat le 13 juillet 1793. Elle sera jugée et guillotinée le 17:

Charlotte Corday est la petite-fille du grand écrivain français, Pierre Corneille. Elle est persuadée que Marat est responsable des excès sanglants de la Révolution. Surnommé 'le tigre assoiffé de sang'[35], il demande, le 14 août 1792, dans son journal *L'Ami du peuple*, la mort de 270 000 personnes.

35 bloodthirsty

Charlotte part pour Paris et demande à être reçue par Marat pour lui donner une liste de traîtres. Marat est, comme d'habitude, dans sa baignoire. Elle le poignarde[36].

36 she stabs him

Ce geste frappe l'imagination de nombreux peintres et reste jusqu'à aujourd'hui, l'une des images les plus fortes de cette période révolutionnaire.

• *La Normandie et Napoléon*

Napoléon Bonaparte ramène la paix et la prospérité et il est, par conséquent, bien accepté en Normandie. Bonaparte écrit à son frère Joseph:

> Tout ici est consolant et beau à voir et j'aime vraiment cette belle, bonne Normandie: c'est la véritable France.

Mais les guerres, le blocus maritime imposé par l'Angleterre et les nombreux appels à la conscription militaire mènent à la catastrophe économique.

• *La prospérité économique*

'Le pays tout entier veut l'ordre et la paix pour faire ses affaires' écrit en 1849 le sous-préfet de Valognes. La Normandie voit ses désirs se réaliser car la révolution industrielle, qui affecte profondément la société normande, apporte, à certaines classes du moins, la prospérité.

Le tourisme des bains de mer fait son apparition en Normandie. Les stations balnéaires[37] se développent rapidement avec l'arrivée du chemin de fer.

37 seaside resorts

CONCLUSION

Depuis déjà plusieurs siècles, la Normandie ne demande plus à être détachée de la France. Elle y est bien intégrée malgré les relations très intimes qu'elle a entretenues pendant longtemps avec sa voisine, la Grande-Bretagne.

Si les liens politiques ont disparu, il reste entre ces deux terres un héritage commun. C'est ce lien que décrivait André Siegfried, dans son livre *Tableau de la France de l'Ouest sous la IIIe République*, publié en 1914, quand il parlait des Normands dans les termes suivants:

> ... une race et civilisation spéciales qui rappellent peut-être l'Angleterre plus que la France.

Hommage ou affront?

ACTIVITÉS

1. Dites à quoi correspondent les dates suivantes dans l'histoire de
la Normandie:

> • 375
> • 911
> • 1066
> • 1204
> • 1450
> • 1793

2. Résumez en une centaine de mots pourquoi les Normands ont
joué un grand rôle dans l'histoire européenne du 11ème au début du
13ème siècle.

3. Imaginez que vous rencontrez un historien français, spécialiste
de l'époque normande. Préparez cinq ou six questions que vous
aimeriez lui poser sur la vie des seigneurs possédant des terres en
Normandie et en Angleterre concernant:

> • les communications entre les deux pays
> • la vie de tous les jours (par exemple rapports avec les
> habitants des îles britanniques)
> • la vie de famille, etc.

Essayez de répondre vous-même à ces questions.

4. Un marchand dans l'industrie textile à Rouen écrit à un ami
parisien aux environs de l'année 1500. Rédigez cette lettre en vous
référant au paragraphe 'la reconquête française', p. 11 et en prenant
en compte la situation de la Normandie à cette époque-là.

5. Expliquez en une centaine de mots pourquoi André Siegfried
écrivait que la Normandie lui faisait penser davantage à l'Angleterre
qu'à la France.

2 LA NORMANDIE ET LA SECONDE GUERRE MONDIALE

"Je me souviens d'un temps que je n'ai pas connu
Je me souviens d'un jour que je n'ai pas vécu
Je me souviens de tout pourtant je n'ai rien vu
Et si je m'en souviens, c'est parce que je suis libre."

('*Je me souviens*' – *Normandie*, édité par le Conseil Régional
de Basse-Normandie pour le cinquantenaire du
Débarquement)

De tous les siècles de son histoire mouvementée, le 20ème est peut-être pour la Normandie, comme pour bon nombre d'autres régions européennes d'ailleurs, le plus tragique.

L'époque moderne commence de manière dramatique avec la **Première Guerre mondiale**. Entre 1914 et 1918, la Normandie n'est pas occupée mais elle est utilisée comme base militaire par les Britanniques. Les chantiers navals[1] normands travaillent à plein rendement[2] car les autres grandes régions industrielles françaises du Nord et de la Lorraine, elles, sont occupées.

1 shipyards
2 at full capacity

Pour les Normands, la guerre 14-18 est synonyme de pertes en vies humaines. Elles sont très lourdes et ne sont pas compensées par le compliment fait par le Maréchal Foch aux combattants normands: 'Je suis tranquille, les Normands sont là'.

Plus que la guerre 14-18, ce qui a marqué de manière indélébile la Normandie, c'est la **Seconde Guerre mondiale**. Si l'on demande à des étrangers ce que la Normandie évoque pour eux, beaucoup, en particulier les Américains, répondront sans hésiter qu'elle leur fait penser aux plages du débarquement, au '*D Day*' que l'on appelle en français '*Jour J*' ou '*Jour le plus long*'.

LA NORMANDIE PENDANT LA DEUXIÈME GUERRE MONDIALE

Pendant la Deuxième Guerre mondiale, la Normandie est occupée par les Allemands. Elle est même particulièrement surveillée du fait de la proximité de l'Angleterre que les Allemands se préparent à envahir.

La vie s'organise sous l'occupation, comme l'explique Philippe de Bourgoing, maire de Tracy-sur-mer, petit village de 250 habitants:

Dans la France occupée, les Allemands étaient les maîtres; nous subissions des restrictions de toute sorte, il était impossible de trouver des pneus de bicyclette, seuls les médecins disposaient de quelques litres d'essence, il y avait des réquisitions de chevaux, de bovins[3], de céréales. Si, du point de vue alimentaire, nous avons souffert moins que dans les villes, c'était le règne des cartes de pain distribuées par les mairies. Tracy était zone interdite, il fallait un laisser-passer[4] spécial pour accéder à la côte et la route vers Bayeux était barrée par des grilles gardées.

3 cattle

4 pass, permit

Tous les hommes valides étaient contraints, sous la menace de sévères représailles[5], à travailler pour les Allemands (pose d''asperges de Rommel'[6] dans les champs pour empêcher les atterrissages, abattages[7] d'arbres pour construire des casemates[8], mise en place d'obstacles sur les plages,...).

5 reprisals
6 anti-aircraft spikes
7 felling
8 bunkers

Etant en majorité cultivateurs, avec le travail sur nos fermes que nous devions exploiter sans engrais[9], sans pièces détachées[10] pour nos machines agricoles, nous étions parvenus à un 'arrangement': le matin, nous travaillions pour les Allemands, le moins possible, et l'après-midi, nous revenions à nos champs.

9 fertilizer
10 spare parts

('Souvenirs de guerre et du débarquement', Philippe de Bourgoing, *Le Journal du Calvados*, Magazine du Conseil Général, Spécial 50ème, juin 1994)

Dès 1942, une tentative de débarquement anglo-canadien appelée 'opération Jubilé' a lieu au-dessus de Dieppe. C'est un désastre. Les troupes alliées rembarquent après neuf heures de combat, ayant perdu la moitié de leurs hommes.

Les grands ports normands souffrent de bombardements meurtriers bien avant le Débarquement. Du 30 mai au 5 juin 1944, les bombardiers alliés attaquent Rouen:

Le ciel est clair au-dessus de Rouen ce matin du mardi 30 mai 1944, lorsqu'à 11h30, deux vagues de bombardiers légers foncent sur la ville en piqué[11], visant manifestement les ponts de la Seine.

11 nosedive

Terriblement marqués par les bombardements du 19 avril précédent, les Rouennais se précipitent alors vers les abris.

Quelques minutes avant midi, les Super-Forteresses[12], chargées de bombes d'une ou deux tonnes, font leur apparition à très haute altitude.

12 American bomber aircraft

Le Palais des Consuls et la Bourse de Commerce s'écroulent[13], tandis que près de deux cents personnes s'entassent dans les caves de l'Hôtel des Douanes, quai du Havre.

13 collapse

Soudain, le bâtiment tremble, les cloisons[14] vacillent, des pans de murs s'écroulent. Une moitié de l'hôtel des Douanes s'effondre, touché par une bombe de fort calibre. Horreur! Les gens sont écrasés sous les décombres[15] ou bloqués dans les caves. Un sauveteur, accouru à la hâte, trouve un coeur dans les ruines, alors qu'un autre ramasse un bras de femme rue des Bons-Enfants...

14 partition walls

15 rubble

(*Paris-Normandie*, 28-29 mai 1994)

'LE JOUR LE PLUS LONG'

En 1943, la décision de tenter un débarquement au printemps suivant sur le continent européen est prise. On lui donne le nom d'**opération Overlord**. Elle aura lieu en Normandie et non dans le Pas-de-Calais, pourtant plus proche de la Grande-Bretagne. C'est là en effet que les Allemands attendent le débarquement. Les Alliés espèrent donc bénéficier de l'effet de surprise.

L'opération, prévue pour le 5 juin 1944, est finalement reportée d'un jour à cause des mauvaises conditions météorologiques. **Le jour le plus long** sera donc le 6 juin 1944.

On assiste alors à l'opération militaire la plus gigantesque de l'histoire:

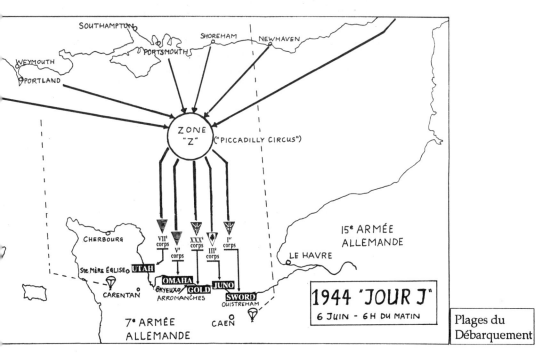

Plages du Débarquement

Tout commence dans la nuit du 5 au 6 juin avec les parachutistes américains et anglais qui s'emparent de points stratégiques. La Pointe du Hoc est capturée après un assaut très audacieux. Plus tard arrivent par mer sur les cinq plages rebaptisées Utah, Omaha, Gold, Juno et Sword, 135 000 hommes, 5 000 navires et 20 000 véhicules.

Pour les Allemands, la surprise est totale. L'opération est un succès bien qu'à Omaha Beach, on ait été très près du désastre. Les pertes en vies humaines sont inférieures aux prévisions.

Il s'agit ensuite de rassembler les troupes disséminées sur les cinq plages; la Bataille de Normandie commence. Les Britanniques se dirigent vers Caen, les Américains vers Cherbourg.

Le 7 juin, les Alliés entrent dans Bayeux, première grande ville française à être libérée. Le 26 juin, les Américains prennent Cherbourg. Les Allemands ont concentré leurs troupes à Caen et la bataille de Caen est féroce. Caen, en ruine, est prise le 9 juillet et à partir du 13 septembre, la Normandie toute entière est libérée. Sa libération aura fait 300 000 morts, mais la route de Paris est ouverte et la bataille de France est presque gagnée.

Evénement exceptionnel, traumatisant, dans la vie des jeunes soldats qui y participèrent. Aurest Bergalo, soldat américain trois fois décoré, a fait partie de la première vague d'assaut sur Omaha Beach:

16 landing craft
17 sank

J'étais ingénieur du bataillon. Je suis descendu de la péniche de débarquement[16] d'un coup. Je me suis presqu'entièrement enfoncé[17] dans l'eau, emporté par tout mon paquetage. C'est un ami qui m'a sauvé la vie en me tendant son fusil. Je me suis accroché au canon... Plus tard, nous avons pris l'endroit qui se situe aujourd'hui au niveau du cimetière américain de Colleville. J'ai été aussi un des premiers à libérer Liège en Belgique.

(*Paris-Normandie*, mardi 7 juin 1994)

Une partie de la population normande se souvient encore de cet effrayant mois de juin. Le maire de Ouistreham, commune située alors sur Sword Beach, habitait à Carentan lors du débarquement du 6 juin:

18 with a start
19 huddling against

Quand on a subi un bombardement aérien, on s'en souvient. Ce matin-là, 6 juin, 6 heures, je me suis réveillé en sursaut[18] et je me suis réfugié dans un coin près de la cheminée, blotti[19] contre mes frères et soeurs, un oreiller sur la tête, bien fragile rempart pour échapper au danger! Un bombardemant aérien, c'est affreux car on se sent totalement impuissant. Une peur atroce, viscérale, qui vous fait trembler en résonance avec tout ce qui vous entoure: la terre, les murs, les meubles. Un seul espoir, être encore en vie quand cela s'arrêtera.

(*Le Journal du Calvados*)

Monsieur Pierre Voisin témoigne ici de ce qui se passa à Evrecy le 15 juin 1944:

3h à 3h20: bombardement aérien d'Evrecy. Effrayant. Nuit sans lune. Impossible de discerner les premiers éclatements de bombes tant ils sont nombreux pendant les quinze premières minutes. C'est l'enfer! Quarante personnes dans la cave où tout tangue[20] comme sur un cargo[21]. Début de panique. Beaucoup veulent s'enfuir. Il faut les calmer.

 Au bout d'un quart d'heure, court répit[22], suivi d'une deuxième vague, moins violente.

 Des équipes se constituent aussitôt pour organiser le sauvetage des blessés qui affluent[23] au poste de secours dirigé par le docteur Gabriel Hauttement. Celui-ci fait preuve d'un admirable courage. Il prodigue du mieux qu'il peut, sans désemparer[24], ses soins aux victimes, alors que les deux premiers blessés qu'on lui apporte sont sa mère et sa sœur: elles expirent l'une après l'autre dans ses bras.

 Evrecy est presque entièrement rasée.

 Atmosphère irrespirable.

(Le Journal du Calvados)

20 rocks, sways

21 cargo boat

22 pause, break

23 flock

24 without let-up

UNE PROVINCE DÉVASTÉE

La Normandie est libre mais le prix qu'il faut payer pour sa libération est très lourd:

Quelques chiffres

- Nombre de soldats alliés engagés dans le Débarquement: 2 millions

- Pertes civiles entre le 6 juin et le 29 août lors de la bataille de Normandie: 45 000 victimes civiles dont 10 000 morts.

- Pertes militaires alliées:

 - XXIe groupe (Britanniques, Canadiens, Polonais): 16 138 tués, 58 594 blessés, 9 093 disparus.

 - RAF: 8 178 victimes

 - XIIe groupe (Américains + 2ème Division Blindée française): 20 838 tués, 94 881 blessés, 10 128 disparus.

 - US Air Force: 8 536 hommes.

- Du côté allemand: 200 000 morts ou prisonniers.

A la fin de l'été 1944, une bonne partie des villes normandes ont cessé d'exister: Caen, Lisieux, Vire, Pont-l'Evêque, Falaise, Saint-Lô, Le Havre et bien d'autres ne sont plus que décombres et cendres où les quartiers épargnés sont rares. Les historiens s'interrogent encore aujourd'hui sur la justification de ce massacre des villes normandes.

 Mme Roudy, maire de Lisieux, évoque ici la destruction de sa ville:

Le 6 juin 1944, à 20h20, Lisieux subissait son premier bombardement. La gare, l'hôpital, l'avenue de la Basilique, la rue d'Orival, la ferme de l'hôpital, les écoles Jules Ferry et Michelet, le boulevard Herbet-Fournet, la rue des Petits Jardins, le boulevard Nicolas Oresme furent les premiers points touchés. Dans la nuit, entre 1h20 et 1h50, les avions alliés écrasent le coeur de la ville... Cette nuit-là fut la plus terrible en pertes humaines... Puis le 7 juin à 14 heures, nouveau bombardement. Le 8, le 9 et le 10 juin, l'incendie ravage la ville dans sa partie centrale...

25 wiped off
the map

Lisieux, capitale du bois sculpté, n'était plus. Les bombes, l'incendie ensuite allaient définitivement rayer notre ville de la carte[25]. Tout son centre - la place Thiers, la place Boudin Desvergers - n'est plus qu'un champ de ruines, un désert d'où n'émergent que des caves

26 gaping
27 charred
28 tangled
29 will owe its
salvation

béantes[26], des murs calcinés[27], des débris enchevêtrés[28]. Une désolation. La cathédrale ne devra son salut[29] qu'au courage des pompiers qui durent à trois reprises déployer tout leur savoir-faire pour éviter son embrasement[30]. Au total, la ville allait être détruite à

30 blaze

75%. Des 3 158 maisons de l'agglomération, seules 300 purent être considérées comme intactes...

('L'hommage d'Yvette Roudy', *Lisieux, spécial souvenir,*
supplément à *Lisieux Communication,* juillet 1994)

Caen. — Juin-Juillet 1944.
Rue d'Auge vers la Rue du Général Decaen.

Henri Bourdeau de Fontenay, préfet de Normandie à partir du 28 août 1944, fait le bilan de la bataille de Normandie:

31 bereavement
32 trying des-
perately

...Que de ruines, que de misères, que de deuils[31] aussi. Terrible bilan d'une bataille impitoyable où chaque adversaire, s'acharnant[32] à se détruire, détruisait en même temps les plus beaux monuments, les plus nobles paysages, et jusqu'aux hameaux les plus paisibles, aux fermes les plus tranquilles. Cathédrales béantes aux flancs ouverts, aux

33 spires

flèches[33] écrasées, abbayes rasées: Saint-Lô, Montebourg, Caen, Lisieux, Argentan, Rânes, Vimoutiers, Rouen l'incomparable; vieux hôtels en ruines dont furent incendiés ou volés les meubles rares: Falaise, Gracé, Vire. Bourgs disparus où l'on ne trouve plus que de grandes étendues vides: Villers-Bocage, Aunay-sur-Odon. Pâturages

34 gutted
35 shells
36 rot

éventrés[34] par les obus[35], ravinés par les chars, où pourrissent[36] les cadavres des bêtes: Trun, Livarot, Bavent; forêts aux arbres décapités, aux feuilles roussies[37], grandes forêts mortes: Cerisy, Andaines,

37 scorched

Pont-de-l'Arche; ports aux quais écrasés, aux bassins vides: Rouen, Le Havre.

(*Normandie Magazine,* mai 1994)

LA RECONSTRUCTION: DEUX EXEMPLES CONTRASTÉS

L'immense effort de reconstruction se met en oeuvre, à un rythme différent selon les villes, avec ses réussites mais aussi ses polémiques:

• *Le centre de Caen*

Du 6 au 18 juillet 1944, la ville de Caen est détruite à 75% et le coeur de la ville de Caen est rasé intégralement. Il n'existe plus rien de l'Université de Caen; les chemins de fer et le port sont endommagés. Comme par miracle, les deux abbayes, l'Abbaye-aux-Dames et l'Abbaye-aux-Hommes sont épargnées.

La décision de reconstruire est prise le 15 septembre 1944. Des règles contraignantes sont définies:

- pas d'immeubles de plus de quatre étages au coeur de la ville;
- murs en belle pierre dorée de Caen;
- ensemble homogène et discret.

La reconstruction se termine en 1964. Le professeur Carabie déclare, le 21 décembre 1964, à la cérémonie marquant la fin de la reconstruction:

> La ville de Caen que neuf siècles avaient lentement façonnée[38], en moins de vingt ans est ressucitée, plus belle, plus attrayante que par le passé, au dire de ses visiteurs, et surtout plus attachante pour ses habitants, qui, après avoir craint de la voir définitivement ruinée, ont l'immense joie de la retrouver vivante, transfigurée et désormais plus chère à leur coeur.

38 shaped

• *La reconstruction du Havre*

Le centre-ville du Havre est bombardé cruellement le 5 septembre 1944 par l'aviation alliée afin de détruire les dernières positions allemandes: 168 bombardements se succèdent, tuant 4 000 personnes.

Le centre-ville est complètement détruit, faisant du Havre, selon le célèbre auteur Armand Salacrou, 'une ville brûlée vive'. Il est reconstruit de manière audacieuse par Auguste Perret.

Celui-ci veut représenter le caractère de 'porte océane' de la ville du Havre en dessinant de larges avenues. L'église Saint-Joseph, avec sa tour de 106 mètres de haut, représente une sorte de phare au milieu de la ville.

Cette architecture moderne, reconnue dans les milieux de l'architecture, a du mal à s'imposer dans les goûts du grand public et engendre une polémique:

- Certains trouvent cette architecture plutôt laide, avec ses bâtiments anguleux et froids et ses avenues néo-staliniennes.
- D'autres pensent qu'elle s'adapte bien à une ville

ouverte sur la mer, qui possède 600 mètres de plage dans la ville même.

Avec le temps, les gens s'y sont habitués et ont même appris à l'aimer!

Le Havre
aujourd'hui

LE PATRIMOINE HISTORIQUE

Tous les ans, quatre millions de visiteurs en moyenne viennent visiter les lieux historiques du Débarquement. Avec les années qui passent, l'intérêt porté à cette période évolue. Les vétérans disparaissent et le pélerinage est remplacé par un besoin de comprendre ce qui s'est passé pendant la Seconde Guerre mondiale.
L'historien Jean Quellien de l'Université de Caen, distingue trois types d'intérêt portés à cette période qui dépendent de la génération à laquelle on s'adresse:

• Celle qui a vécu l'événement, parfois très marquée physiquement et psychologiquement.
• Celle de l'après-guerre qui a trop entendu ses parents en parler.
• Celle des petits-enfants dont l'intérêt pour cette page d'histoire renaît, grâce au travail effectué dans les établissements scolaires.

La Normandie a essayé de répondre à ces différents besoins de souvenir et de connaissance:

Huit parcours ont été créés sur les lieux de la Bataille de Normandie. Ils regroupent:

• des **sites historiques majeurs**: les plages du débarquement, la pointe du Hoc, etc.

• des **lieux de mémoire**: les nombreux cimetières de soldats comme les 9 000 croix blanches de soldats américains à Omaha Beach; les monuments commémoratifs; les bornes[39] de la voie de la liberté (kilomètre 00 à Utah Beach), etc.

• des **musées**: musée du débarquement à Arromanches, musée mémorial de la bataille de Normandie à Bayeux, musée août 44 à Falaise, musée de la Seconde Guerre mondiale à Avranches, etc.

39 markers

LE MÉMORIAL DE CAEN

Le **Mémorial de Caen**, inauguré en 1988, se distingue des autres musées. Ce n'est pas un banal musée du Débarquement. Il veut être 'un lieu de réflexion sur la fragilité des démocraties, la paix et les droits de l'homme'. En enseignant la mémoire de la guerre, le musée se donne en effet pour objectif de préserver la paix. Il se veut didactique[40] sans être simplificateur et s'adresse particulièrement aux nouvelles générations, aux élèves des écoles:

40 it is intended to be instructive

Tout est symbole dans ce musée:

• On commence par descendre des escaliers, qui représentent la descente aux enfers de tout le continent européen pendant les années trente: crise économique, échec de la paix, montée des périls.

• Puis, on suit, pas à pas, l'évolution de la guerre. Au niveau le plus bas et le plus sombre, l'Holocauste. La lumière revient peu à peu lorsqu'on se dirige vers la Libération.

• Enfin, on passe au monde moderne, avec ses nouveaux conflits.

• Une galerie est réservée à tous ceux qui ont obtenu le prix Nobel de la paix. C'est à cet endroit même qu'était installé le poste de commandement du général allemand Richter pendant la guerre.

En grandes lettres d'or sur la façade du Mémorial, on lit les mots d'un poète caennais, se référant à l'expérience de la ville de Caen lors de la Seconde Guerre mondiale:

'La douleur m'a brisée
La fraternité m'a relevée
De ma blessure a jailli un fleuve de liberté.'

LA COMMÉMORATION DU 50ème ANNIVERSAIRE DU DÉBARQUEMENT

En juin 1994, la Normandie accueille de nouveau les vétérans de la guerre, réunis une nouvelle fois, cinquante ans jour pour jour après le Débarquement.

Invasion pacifique cette fois comme en témoignent les affiches éditées à cette occasion pour accueillir les anciens libérateurs:

• *Des cérémonies émouvantes*

Un message de remerciement est remis personnellement à tous les vétérans de la part du président de la République de l'époque, M. François Mitterrand:

41 launching

> La France est heureuse et fière d'accueillir sur son sol les vétérans des pays alliés venus, il y a cinquante ans, mêler leur sang à celui de ses fils. Partout en Europe la guerre faisait rage. [...] Et pourtant, dès le déclenchement[41] d'Overlord, tous les regards se fixèrent sur les cinq plages normandes où se jouait le sort de la guerre, où quelques milliers d'hommes réussirent à prendre pied, bientôt suivis par des dizaines de milliers d'autres. [...]
> A ceux qui, cinquante ans après, reviennent s'incliner sur les tombes de leurs camarades tués au combat, ou qui ont voulu revoir ensemble, une fois encore, le théâtre de tant de gloire et de tant de souffrances, j'exprime la reconnaissance de la France.
> Qu'ils soient les bienvenus!

Pendant deux jours, les cérémonies de commémoration mobilisent toute la Normandie:

Réunis sans doute pour la dernière fois à l'occasion d'une célébration de cette ampleur, les vétérans ont été les incontestables héros de la fête. Plus nombreux que prévu, ils étaient au moins 40 000, en majorité Britanniques et Américains, à avoir fait le pélerinage.

Le saut[42] dimanche d'une poignée d'entre eux, anciens des 82e et 101e divisions aéroportées américaines, sur les marais[43] proches de Sainte-Mère-Eglise où ils avaient été parachutés dans la nuit du 5 au 6 juin 1944, restera le temps fort de ce Cinquantenaire. Tout comme le rassemblement, peut-être moins spectaculaire, de 7 000 vétérans britanniques, portant leurs médailles et les emblèmes de leurs anciens régiments, devant la reine Elisabeth II, sur la plage d'Arromanches, demeurera le symbole de l'émotion partagée.

Solennelles lundi, populaires dimanche, les festivités ont rassemblé des foules considérables de Normands, qui ont tenu à honorer leurs libérateurs. Ainsi, à Sainte-Mère-Eglise, plusieurs dizaines de milliers de personnes se sont mêlées aux vétérans et aux soldats américains, photographiés, embrassés, comme aux premières heures de la Libération.

(Paris-Normandie, mercredi 8 juin 1994)

42 parachute jump

43 marshes

• *Une opération promotionnelle*

Sur le plan purement touristique et économique, la commémoration du Débarquement a attiré en Normandie six millions de visiteurs en 1994. Ces fêtes ont permis de faire la promotion de la région. N'a-t-on pas vu des spécialités normandes décorées de '*Remember 6 juin 1944*': bouteilles de calvados, de cidre, boîtes de camembert, vendues plus chers que le prix habituel, bien entendu!

Commémoration mais aussi opération promotionnelle: souvenir et mercantilisme font bon ménage!

CONCLUSION

Quelle image symbolique que celle d'Elisabeth II passant en revue les vétérans britanniques venus libérer leurs cousins normands! En mesurant le chemin parcouru, Guillaume le Conquérant devait, à ce moment précis, se retourner dans sa tombe!

ACTIVITÉS

1. Vous allez visiter le *Mémorial de Caen*. Pour mieux profiter de cette visite, vous résumez en une phrase ce que les mots suivants évoquent pour vous:

- l'Occupation
- les bombardements
- l'Holocauste
- le Débarquement
- la Libération

2. Traduisez en anglais le témoignage de M. de Bourgoing à la page 16 (Dans la France occupée... nous revenions à nos champs).

3. Imaginez que vous êtes un soldat allié participant au Débarquement puis à la bataille de Normandie. Vous écrivez à votre famille pour lui raconter ce que vous avez vécu et ressenti pendant cette période.

4. Pendant un séjour en France, vous avez l'occasion de parler à un vétéran français qui a participé à la bataille de Normandie. Vous préparez une dizaine de questions que vous aimeriez lui poser sur:

- les villes libérées
- les sentiments de la population
- ses sentiments personnels (peur, joie, etc.)
- ses sentiments un demi-siècle plus tard

5. Vous devez écrire un petit article sur la destruction du Havre pendant la guerre. Vous décrivez la ville à la fin de la guerre et les choix faits lors de la reconstruction en exprimant votre opinion sur l'architecture moderne.

3 LA NORMANDIE CRÉATRICE

'*La ville aux cent clochers carillonnant[1] dans l'air*', c'est ainsi que Victor Hugo a décrit la ville de Rouen. Pour le visiteur, l'un des aspects les plus frappants de la Normandie, est en effet la richesse de son patrimoine architectural, artistique et culturel.

1 chiming

Une grande partie du patrimoine architectural a été perdu à la suite des destructions causées par les guerres, les révolutions et les changements dans les techniques de construction. Pour mesurer l'ampleur de ces destructions, il suffit de noter que par le passé, il y a eu en Normandie jusqu'à cent vingt abbayes.

Malgré ces destructions, la Normandie possède aujourd'hui une **multitude de sites et de monuments historiques**, qui reflètent la prospérité et l'importance stratégique de cette province à travers l'histoire. Certains, comme le Mont-Saint-Michel, sont connus dans le monde entier.

Depuis la fin de la Seconde Guerre mondiale, des endroits longtemps négligés ont été redécouverts et rénovés, si bien qu'aujourd'hui, la Basse-Normandie par exemple est l'une des régions de France qui possède le plus grand nombre de monuments historiques.

La plupart des Français ont l'impression de 'connaître' la Normandie même s'ils n'y sont jamais allés. C'est **la longue tradition littéraire** normande qui explique ce phénomène et en particulier la popularité toujours très vive d'écrivains du 19ème siècle comme Gustave Flaubert et Guy de Maupassant. Les écrivains et les lieux qui les ont inspirés font donc aussi partie du patrimoine culturel de la Normandie.

L'impression de 'déjà vu' vient aussi de la peinture. A partir du 19ème siècle, une relation très étroite se développe entre **les peintres et la Normandie**. La Normandie, en particulier les rives de la Seine et le littoral, sont parmi les endroits préférés des Impressionnistes, inspirés par la lumière, les couleurs mouillées, les reflets dans l'eau, le vent, les ciels changeants...

PREMIERE PARTIE: UN PATRIMOINE ARCHITECTURAL DE PREMIER PLAN

On ne peut parler du patrimoine normand sans accorder une place spéciale au Mont-Saint-Michel, ce mont millénaire qui marque la frontière entre la Bretagne et la Normandie.

En dehors de Paris, le Mont-Saint-Michel est aujourd'hui l'un des monuments les plus visités de France. Ces visites entraînent d'ailleurs des problèmes d'entretien[2] si importants que l'on se demande s'il ne faudra pas un jour fermer le mont au public et en construire une réplique, comme on l'a fait pour les grottes de Lascaux[3].

2 maintenance

3 prehistoric caves in the Dordogne

LE MONT-SAINT-MICHEL

• *Un site remarquable*

Le Mont-Saint-Michel est un site particulièrement frappant. Il s'agit d'un petit mont de 78 mètres de hauteur, qui devient une île chaque fois que la mer monte.

Il a depuis des siècles un attrait mystique. Cet attrait est lié à la peur de s'enliser[4] dans les sables mouvants et surtout à la force de la marée, qui est la plus forte de France avec une amplitude de 15 mètres à marée montante. La mer y progresse, dit-on, 'à la vitesse d'un cheval au galop'.

L'atmosphère de l'endroit est capturée ici par Guy de Maupassant dans *Le Horla*:

4 to sink into

Une baie démesurée s'étendait devant moi, à perte de vue, entre deux côtes écartées se perdant au loin dans les brumes; et au milieu de cette immense baie jaune, sous un ciel d'or et de clarté, s'élevait sombre et pointu un mont étrange, au milieu des sables.

Dès l'aurore, j'allais vers lui. La mer était basse, comme la veille au soir, et je regardais se dresser devant moi, à mesure que j'approchais d'elle, la surprenante abbaye. Après plusieurs heures de marche, j'atteignis l'énorme bloc de pierre qui porte la petite cité dominée par la grande église. [..]

Quand je fus sur le sommet, je dis au moine qui m'accompagnait:

– *'Mon père, que vous devez être bien ici!'*

Il répondit:

– *'Il y a beaucoup de vent, Monsieur'*; et nous nous mîmes à causer en regardant monter la mer, qui courait sur le sable et le couvrait d'une cuirasse d'acier[5]. Et le moine me conta des histoires, toutes les vieilles histoires de ce lieu, des légendes, toujours des légendes.

5 **steel armour**

• *La construction de l'abbaye du Mont-Saint-Michel*

L'abbaye, construite sur le mont, a attiré au cours des siècles des millions de pélerins et de visiteurs:

Différentes étapes de la construction

• En 708, l'évêque d'Avranches, Aubert, rêve que l'archange Saint-Michel lui commande de construire une église sur le Mont Tombe, futur Mont-Saint-Michel. Il se met au travail tout de suite.

On y dépose de précieuses reliques et le culte de Saint Michel se développe, attirant de plus en plus de pélerins. Le Mont-Saint-Michel deviendra l'un des grands centres de pélerinage du Moyen-Age.

• En 966, des moines bénédictins s'y installent. Les gigantesques travaux de construction de l'abbaye commencent en 1023: le choeur[6] est achevé en 1048, la nef[7] en 1090.

• En 1228, la construction de **la Merveille** se termine dans un style gothique: il s'agit d'une représentation architecturale de la société médiévale avec, en bas, l'aumônerie où l'on reçoit les pauvres, au dessus, la salle des visiteurs importants, enfin, le domaine réservé aux moines. Les magnifiques salles gothiques de la Merveille sont très admirées.

6 **choir**
7 **nave**

LES GRANDES ABBAYES

Les grandes abbayes font leur apparition dans la vallée de la Seine au 7ème siècle. Deux grands saints, **Saint Wandrille et Saint Philibert**, font construire l'abbaye de Fontenelle qui deviendra Saint-Wandrille et l'abbaye de Jumièges:

Les grandes abbayes

• **L'abbaye de Saint-Wandrille** fut fondée en 649 dans le vallon de Fontenelle dont elle porta d'abord le nom. Détruite par les Vikings, elle fut reconstruite au 10ème siècle. Depuis 1931, quelques moines bénédictins s'y sont installés et y travaillent. Il y a vingt ans, ils ont formé une entreprise qui fabrique de la cire[8]. Ils ont en projet d'ouvrir un musée de la vie monastique.

• **L'abbaye de Jumièges** fut fondée en 654. Pillée et incendiée par les Vikings, elle fut restaurée puis consacrée en 1067 par Guillaume Le Conquérant et resta active jusqu'à la Révolution. En 1793, elle fut détruite par les Révolutionnaires et certaines parties furent vendues pierre par pierre. Aujourd'hui en ruine, l'abbaye a été décrite par R. de Lasteyrie comme étant 'une des plus admirables ruines qui soient en France'.

---

8 wax

L'ART ROMAN 'NORMAND'

Les nombreux édifices religieux construits au 11ème siècle sont regroupés, en histoire de l'art, sous le nom d'**'art normand'**, art que la Normandie possède en commun avec l'Angleterre et que les Britanniques appellent encore aujourd'hui *'the Norman style'*.

A partir de 1818, on a préféré utiliser le terme 'art roman' en France pour recouvrir toutes les constructions de cette période de l'histoire de l'art.

A la différence de l'art roman toutefois, les édifices normands se caractérisent principalement par le fait que leurs grandes fenêtres laissent passer beaucoup de lumière et préfigurent l'art gothique.

L'Abbaye-aux-Dames

• *L'Abbaye-aux-Hommes et l'Abbaye-aux-Dames*

A l'époque de Guillaume Le Conquérant, la construction de l'Abbaye-aux-Hommes et de l'Abbaye-aux-Dames de Caen, représente l'apogée de cette époque de l'histoire de l'art:

• Le mariage de Guillaume le Conquérant et de Mathilde de Flandres avait été invalidé par l'Eglise parce qu'ils étaient cousins au deuxième degré. Après de longues négociations, le pape décida de lever les sanctions à condition que les deux époux s'engagent à construire chacun une abbaye.

• En 1063, Guillaume fonde un monastère et en 1077, une église, dédiée à Saint-Etienne, sans doute la plus belle construction romane normande. Cet ensemble forme l'Abbaye-aux-Hommes.

• Entre 1059 et 1065, Mathilde fonde l'abbaye bénédictine de la Sainte-Trinité, communément appelée Abbaye-aux-Dames. Plus petite que l'église Saint-Etienne, elle a souffert de restaurations abusives au 19ème siècle.

A partir du 13ème siècle, l'architecture normande est de plus en plus influencée par l'architecture française. C'est l'époque de la construction des **grandes cathédrales gothiques** en Ile-de-France, comme Notre-Dame de Paris ou la cathédrale de Chartres. La Normandie suit ce mouvement et on trouve de magnifiques exemples de cathédrales gothiques à Coutances, Bayeux, Lisieux, Rouen...

• *L'architecture militaire: Château-Gaillard*

L'importance stratégique de la Normandie en général et de la Seine en particulier explique la construction de **châteaux, tours, donjons et forteresses**.

La forteresse des Andelys, appelée Château-Gaillard, est le monument le plus célèbre de cette architecture militaire médiévale:

Château-Gaillard fut construit par Richard Coeur de Lion (voir chap. 1) sur une falaise crayeuse d'où l'on peut admirer un panorama magnifique, donnant sur la Seine.

Philippe Auguste fit, pendant six mois, le siège de la forteresse sous le règne de Jean Sans Terre. Elle devint ensuite une prison d'Etat pour princesses adultères puis fut démantelée.

Aujourd'hui, les ruines de la forteresse dominent la ville des Andelys. Des travaux de restauration sont en cours pour protéger le monument.

L'HABITAT NORMAND

• *Les maisons à colombages*[9]

9 **half-timbered**

L'habitat a toujours été le symbole de la richesse d'un peuple. Région prospère, la Normandie a donc traditionnellement possédé un habitat reflétant cette prospérité. Il est dominé par les belles maisons au style très distinct que l'on appelle **les maisons à colombages**.

Le colombage est un procédé de construction qui date du Moyen-Age et qu'on retrouve surtout en Haute-Normandie, à cause de la présence de nombreuses forêts. En effet, les maisons sont faites d'une charpente en bois[10], recouverte de torchis[11],

10 **timber framed**

11 mixture of clay and straw used for walls

avec un toit très prononcé à cause de la pluie, recouvert
traditionnellement de chaume[12].

12 thatch

maison à
colombage

• *Les maisons en pierre*

En Basse-Normandie, on a traditionnellement construit des maisons
en pierre (granit ou calcaire). Au sommet de la hiérarchie des pierres
normandes se trouve la pierre de Caen:

13 limestone

Exploitée depuis l'époque romaine, la pierre de Caen est un
calcaire[13] très fin de couleur dorée. De nombreuses églises
romanes de la région l'ont utilisée de manière plus ou moins
importante. Elle a servi aussi à la construction de l'Abbaye de
Westminster à Londres. On la retrouve au 15ème siècle dans la
construction rouennaise, avec toute une organisation centrée sur
le transport de la pierre.

L'historien Charles de Bourgueville la décrit comme 'la plus
blanche, polie et tendre pierre de taille[14] que l'on puisse trouver,
qui s'endurcit, de sorte que l'injure du temps, la force de l'air, la
gelée ne peuvent lui nuire[15] ni faire dommage'.

Les carrières dont certaines galeries s'étendent sous la ville
de Caen ont été fermées, il y a plus de 50 ans, mais ont été
réouvertes pour la construction du *Mémorial pour la paix* à Caen.

14 dressed stone

15 harm

De nos jours, on ne construit plus de la même manière qu'autrefois. Cependant, en Normandie, on a essayé de préserver certaines traditions architecturales et de restaurer d'anciennes constructions.

DEUXIÈME PARTIE: LA NORMANDIE ET LA LITTÉRATURE

La tradition littéraire normande date du Moyen-Age à l'époque où la cour et l'Eglise commencent à encourager la vie intellectuelle. La vocation littéraire de la Normandie s'est poursuivie jusqu'à nos jours et il est impossible de citer le nom de tous ces Normands qui sont associés à la réputation de la littérature française; cette liste serait trop longue.

LA LITTÉRATURE MÉDIÉVALE

Selon le professeur Hermann Suchier de l'Université de Halle en Allemagne:

> ...le berceau[16] de la littérature française a été l'héroïque Normandie; c'est là que l'esprit chevaleresque du Moyen-Age en général est arrivé à son premier épanouissement[17]: c'est là que pour la première fois se montre la belle fée de la poésie romantique.
> (*Normandie*, Encyclopédies Régionales, Christine Bonneton)

16 cradle

17 flowering

Il est accepté aujourd'hui en effet que Turold, auteur de la première chanson de geste[18] française connue, *La Chanson de Roland*, était normand.

18 heroic poems in the Middle Ages

L'histoire de la Normandie et celle de l'Angleterre se mêlent à cette époque; leur histoire littéraire en fait de même:

- Robert Wace, chanoine[19] de Bayeux, qui se faisait appeler 'Maître Wace, clerc lisant à Caen', est connu pour ses livres sur la vie des ducs normands, la bataille d'Hastings et la vie des chevaliers au 11ème siècle.

19 canon

- La première poétesse en langue française connue, Marie de France, qui vécut à la cour d'Angleterre dans la seconde moitié du 12ème siècle, était probablement d'origine normande.

UNE TRADITION LITTÉRAIRE CONFIRMÉE

• *Quelques grands noms de la littérature*

Il faudrait citer tout d'abord quelques écrivains nés en Normandie comme:

- Malherbe, né à Caen en 1555;
- Pierre Corneille, né à Rouen en 1606;
- Fontenelle, né à Rouen en 1657;
- Bernardin de Saint-Pierre, né au Havre en 1737;
- Barbey d'Aurevilly, né à Saint-Sauveur-le-Vicomte (Manche) en 1808;
- Gustave Flaubert, né à Rouen en 1821;
- Guy de Maupassant, né au château de Miromesnil (Seine-Maritime) en 1850;
- Armand Salacrou, né à Rouen en 1899;
- Raymond Queneau, né au Havre en 1903...

• *La Normandie décrite par les écrivains*

Il faut aussi mentionner tous les écrivains qui ont vécu en Normandie ou s'en sont inspirés dans leurs oeuvres: Pascal, Alphonse Karr, Honoré de Balzac, Emile Zola, Guy de Maupassant, André Gide, Marcel Proust, Victor Hugo...

Ce dernier évoque la Normandie dans de bien tristes circonstances. C'est à Villequier, près de Rouen, que la fille de Victor Hugo, Léopoldine, âgée de 19 ans, se noya dans la Seine avec son mari en septembre 1843.

Victor Hugo évoque ce drame dans *Les Contemplations*. Il a écrit sur la mort de sa fille certains de ses plus beaux poèmes:

> Demain, dès l'aube, à l'heure où blanchit la campagne,
> Je partirai. Vois-tu, je sais que tu m'attends.
> J'irai par la forêt, j'irai par la montagne,
> Je ne puis demeurer loin de toi plus longtemps.
>
> Je marcherai les yeux fixés sur mes pensées,
> Sans rien voir au dehors, sans entendre aucun bruit,
> Seul, inconnu, le dos courbé, les mains croisées,
> Triste, et le jour pour moi sera comme la nuit.
>
> Je ne regarderai ni l'or du soir qui tombe,
> Ni les voiles au loin descendant vers Harfleur[20],
> Et quand j'arriverai, je mettrai sur ta tombe
> Un bouquet de houx[21] vert et de bruyère[22] en fleur.

20 small town near Le Havre

21 holly

22 heather

TROIS 'GRANDS NORMANDS'

Trois grands écrivains qui ont vécu en Normandie une grande partie de leur vie et ont abondamment décrit leur région, se détachent dans la liste impressionnante d'écrivains d'origine normande:

• **Barbey d'Aurevilly:**

Dans *Les Diaboliques* (1874), il décrit les passions de personnages tourmentés, de femmes mi-ange, mi-démon, dont les aventures se passent souvent dans son Cotentin natal.

• **Gustave Flaubert**:

Il fit ses études à Rouen avant de partir étudier à Paris. Il passa une grande partie de sa vie à Croisset, près de Rouen.

Dans *Madame Bovary* (1856), il dénonce le mode de vie de la province bourgeoise dans la région rouennaise, avec une haine féroce de la bêtise. Ce roman est souvent considéré par les critiques littéraires comme le prmier grand roman 'moderne'.

Un Coeur simple (1877) se passe à Pont-l'Evêque, Trouville et Deauville.

• **Guy de Maupassant**:

Ami et parent de Flaubert, il situe une grande partie de son oeuvre en Normandie. Dans *Une Vie (1883)*, l'action se passe dans le Pays de Caux, dans *Pierre et Jean (1888)*, au Havre. Dans *Bel-Ami (1885)*, le héros est originaire de la campagne proche de Rouen.

Maupassant est considéré comme le prince du conte et de la nouvelle[23] dans la littérature française. Il est encore aujourd'hui l'un des écrivains préférés des Français. Les Editions *Livre de Poche* ont vendu six millions de ses livres. Le centenaire de sa mort en 1993 a permis au public de le redécouvrir.

23 short story

LITTÉRATURE ET PATRIMOINE

De nos jours, le patrimoine littéraire est mis en valeur. Des circuits le long de **'la route des maisons d'écrivains'**, route qui relie les lieux où ont séjourné de grands écrivains, ont été créés:

- maison de Barbey d'Aurevilly à Saint-Sauveur-Le-Vicomte,
- maison des champs de Pierre Corneille à Petit-Couronne,
- pavillon Flaubert à Croisset,
- musée Victor-Hugo à Villequier...

TROISIÈME PARTIE: LA NORMANDIE ET LA PEINTURE

A partir du 19ème siècle, la Normandie développe une relation privilégiée avec les peintres quand ceux-ci commencent à sortir de leurs studios (souvent parisiens) pour peindre à l'extérieur. Ils sont attirés par la Seine, le littoral et les villes normandes.

AVANT LES IMPRESSIONNISTES

• *Géricault et* le Radeau de la Méduse

En 1819, le grand peintre romantique, Géricault, né à Rouen, fait scandale avec son célèbre tableau, *Le Radeau de la Méduse*, exposé aujourd'hui au Louvre:

24 is wrecked

> Le 2 juillet 1816, le bateau *La Méduse* avec à bord quatre cents marins et soldats, fait naufrage[24] au large de la Mauritanie. Cent cinquante personnes s'entassent sur un radeau de sauvetage. Quand les naufragés sont recueillis, il ne reste plus à bord que quinze personnes presque mortes que l'on soupçonne de cannibalisme. Elles ont vécu un vrai cauchemar sous le soleil des tropiques!

• L'Angelus *de Millet*

Jean-François Millet est né à Gréville dans la Manche en 1814. Il peint les occupations familières des paysans, notamment, en 1858, l'*Angelus*. C'est certainement l'un des tableaux les plus connus des Français!

Une profonde tristesse ressort de son oeuvre. Il mourra dans la pauvreté, avec le sentiment d'avoir toujours été mal compris.

25 compliment paid by the painter Corot

• *Boudin, 'le roi des ciels'*[25]

Le nom de Boudin est associé au port d'Honfleur où il naquit en 1824 d'un père marin. Il a en effet laissé environ 120 tableaux des environs d'Honfleur. Il aime peindre les quais, les ciels, les bateaux et le vent.

Le poète Baudelaire voit les peintures de Boudin au Salon de Paris de 1859 et reste admiratif 'devant ces prodigieuses magies de l'air et de l'eau'.

Boudin réunit ses amis à Honfleur et y fonde un musée en 1868. Aujourd'hui, le musée Eugène Boudin accueille 45 000 visiteurs par an.

L'IMPRESSIONNISME EN NORMANDIE

• *Claude Monet et la Normandie*

Claude Monet n'est pas d'origine normande, mais entre lui et la Normandie, on peut parler d'histoire d'amour. Boudin devient son maître et l'incite à travailler en plein air. Claude Monet écrira au sujet de Boudin:

> Par le seul exemple de cet artiste épris de son art et d'indépendance, ma destinée de peintre s'était ouverte. Si je suis devenu un peintre, c'est à Eugène Boudin que je le dois.

Le tableau de Monet *Impression, soleil levant* (1872), à l'origine du mouvement impressionniste, est peint au Havre.

Entre 1892 et 1894, Monet entreprend de représenter la cathédrale de Rouen selon les différentes heures de la journée et les variations de luminosité. En 1994, seize de ces tableaux sont revenus dans leur ville natale:

> Entre juin et novembre 1994, le musée des Beaux-Arts de Rouen, entièrement rénové, a réuni seize tableaux des 'Cathédrales' de Monet, du jamais vu[26] depuis l'exposition des vingt cathédrales de Monet en mai 1895. C'est un événement culturel de niveau international dans l'un des plus beaux musées de France!
>
> Les tableaux, dispersés à travers le monde, viennent de France, mais aussi d'Allemagne, des Etats-Unis, de Suisse... et sont réunis dans l'endroit qui les a vu naître.

26 a unique experience

• *Le domaine de Claude Monet à Giverny*

En 1883, Claude Monet s'installe à Giverny dans une propriété située à quelques mètres de la limite entre la Normandie et l'Ile-de-France. C'est là qu'il peint les fameux *Nymphéas* que l'on peut admirer aujourd'hui encore dans le jardin de Giverny. Il y meurt en 1926.

Le domaine, qui est devenu un haut lieu[27] de l'impressionnisme, comprend une belle maison aux volets verts et un splendide jardin, restauré en 1976.

27 a key site

Avec environ 300 000 visiteurs par an pendant les cinq mois d'ouverture, Giverny détient le record du nombre de visiteurs en Haute-Normandie.

CONCLUSION

De nos jours, les conseils régionaux ont de plus en plus de responsabilité dans la promotion de la vie culturelle de leur région. La mise en valeur du patrimoine, la création de musées, les expositions de peinture, les festivals musicaux et autres manifestations culturelles, ont pour but de donner à la population toute entière accès à la culture.

Culture et vie d'une région sont désormais étroitement liées. L'image projetée à l'extérieur par une région en dépend.

ACTIVITÉS

1. Faut-il fermer le Mont-Saint-Michel au public? Préparez une liste d'arguments pour et contre cette proposition.

2. Traduisez en anglais le poème de Victor Hugo, p. 34, 'Demain dès l'aube...'.

3. Expliquez en quelques lignes les raisons pour lesquelles les peintres impressionnistes se sont intéressés à la Normandie.

4. Vous travaillez pour une association qui se prépare à commémorer le bicentenaire de la mort d'un écrivain célèbre. Vous aimeriez savoir ce qui a été fait en Normandie pour le centenaire de la mort de Guy de Maupassant et vous devez pour cela téléphoner en Normandie. Préparez vos questions sur:

- les différentes manifestations qui ont eu lieu
- l'utilisation de la maison de l'écrivain
- les nouvelles parutions de livres
- l'utilisation de la presse et des moyens audio-visuels

4 TRADITIONS ET IDENTITÉ

Contrairement à d'autres régions françaises comme la Corse ou la Bretagne qui possèdent une forte identité régionale, la Normandie, malgré son histoire très riche, ne semble pas revendiquer des particularismes régionaux frappants.

Elle est bien intégrée au reste de la France et, depuis des siècles, ne demande plus son indépendance. Il n'existe pas non plus vraiment de militantisme en faveur d'une culture régionaliste.

Est-ce la division de la Normandie en deux régions qui explique cet état des choses? Pas seulement. Les divisions de la Normandie sont bien plus profondes et les **rivalités nombreuses**:

- entre deux rives, comme la rive droite et la rive gauche de la Seine;
- entre villes, comme entre Caen, Rouen et le Havre;
- entre départements, comme la Seine-Maritime et l'Eure.

Et que dire de l'antagonisme entre Normands et leurs voisins bretons!

Bien sûr, avec une histoire aussi chargée, les Normands possèdent inévitablement une identité, forgée au cours des siècles par des traditions, des coutumes et des modes de vie communs, par une façon de parler qui leur est propre, par des goûts qu'ils partagent.

Cependant, aujourd'hui, avec les changements qui affectent le monde rural, les modes de vie traditionnels sont en voie de disparition. La culture dominante devient celle projetée par la télévision. La vie urbaine, qui affecte si profondément la Haute-Normandie, les voyages, les contacts de plus en plus nombreux entre différentes cultures, contribuent au changement des mentalités.

Dans ce monde en plein bouleversement[1], que reste-t-il d'une identité normande?

1 rapidly changing world

LES OBJETS TRADITIONNELS

C'est dans les objets anciens de tous les jours que l'on recherchera d'abord ce qui reste des traditions normandes.

2 furniture

En effet, comme peuvent en témoigner les antiquaires, les Normands sont encore aujourd'hui attachés au mobilier[2] traditionnel, notamment à ces **armoires** qu'ils ont héritées de leur famille.

• *Le mobilier*

On raconte qu'autrefois, lorsqu'une fille naissait, on faisait abattre un chêne en vue de son mariage et de la fabrication de son mobilier.

Dans de nombreuses régions françaises, le mobilier rural était traditionnellement simple et solide. Or, en Normandie, il se caractérisait par une abondante ornementation: sculptures de

3 cornucopia, horn of plenty

cornes d'abondance[3], de grappes de raisins, de fleurs... Plus une famille était riche, plus le mobilier était orné!

Voici la description du lit de Jeanne, l'héroïne de Guy de Maupassant dans *Une vie*. Elle vient de terminer ses études au couvent et elle découvre sa nouvelle chambre:

4 gleaming

5 bed

6 fluted

7 Corinthian columns

8 angels, cherubs

> Mais, en apercevant son lit, la jeune fille poussa des cris de joie. Aux quatre coins, quatre grands oiseaux de chêne, tout noirs et luisants[4] de cire, portaient la couche[5] et paraissaient en être les gardiens. Les côtés représentaient deux larges guirlandes de fleurs et de fruits sculptés; et quatre colonnes finement cannelées[6], que terminaient des chapiteaux corinthiens[7], soulevaient une corniche de roses et d'amours[8] enroulés.
>
> Il se dressait monumental, et tout gracieux cependant, malgré la sévérité du bois bruni par le temps.

• *L'armoire normande*

C'est l'armoire normande toutefois qui symbolise le mieux la prospérité et la permanence de la famille. Elle a remplacé le coffre à habits au 18ème siècle avant de connaître ses plus belles heures de gloire au 19ème siècle. Richement sculptée, l'armoire fait partie du cérémonial du mariage et est transportée vers la nouvelle maison du couple.

Ses derniers fabricants ont disparu dans les années 1880 mais on assiste de nos jours à un regain d'intérêt pour la rénovation de ces armoires.

9 copper

• *L'industrie du cuivre*[9]

A Villedieu-les-Poêles, on voit encore aujourd'hui toutes sortes d'objets en cuivre dans de nombreuses vitrines de magasins.

Depuis le Moyen-Age, Villedieu-les-Poêles produit en effet des ustensiles de cuisine en cuivre qui sont encore utilisés de nos jours dans les cuisines des plus prestigieux restaurants français.

10 bell foundry

11 chime

A Villedieu, dans la dernière fonderie[10] en activité en France, on fabrique aussi des cloches au parfait carillon[11] dont la technique de fabrication a peu évolué depuis le Moyen-Age.

L'HABILLEMENT TRADITIONNEL

A la différence de la Bretagne, la Normandie n'a pas conservé l'aspect 'folklorique' du costume normand, même pour attirer les touristes à des fêtes traditionnelles telles que les fêtes de Cornouaille en Bretagne.

• *Le costume*

La Normandie, région textile, accordait autrefois une grande place au costume. Il était fabriqué en tissu et embelli par de la dentelle[12] ou de la broderie. Dans la première moitié du 19ème siècle, il représentait près du tiers de la dot[13] d'une jeune fille. Son importance a commencé à décliner par la suite.

    En plus des vêtements, on trouvait aussi dans le trousseau de la jeune fille, des coiffes[14], parfois de taille gigantesque, réservées pour les fêtes. Elles ont malheureusement elles aussi disparu de nos jours.

12 lace

13 dowry

14 head dress

• *La dentelle*

Liée à la richesse du costume, la dentelle, un art aujourd'hui en voie de disparition.

    Dès le 17ème siècle, on retrouvait deux techniques principales de fabrication en Normandie:

    • à Alençon: la dentelle à l'aiguille[15]
    • à Bayeux: la dentelle au fuseau[16]

15 needle

16 bobbin

La dentelle d'Alençon

Pour fabriquer de la dentelle, la matière première, le lin, était cultivée dans la région.

    En 1665, Colbert créa les *Manufactures Royales de la dentelle* à Alençon qui avaient pour rôle de produire le 'point[17] de France'. Il fit venir des dentellières italiennes et après quelques années, fut développé le point d'Alençon. Il connaîtra un succès immense pendant deux siècles, produisant de somptueuses dentelles destinées aux classes supérieures.

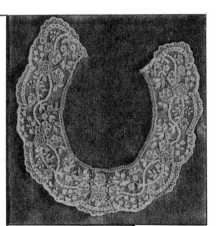

    A son apogée, la dentelle a employé jusqu'à 8 000 personnes à Alençon. Au point d'Alençon, il faut vingt-cinq heures pour faire un morceau de dentelle de la taille d'un timbre-poste. Les dessins sont piqués sur un canevas de gaze aussi fragile qu'une toile d'araignée[18].

    Peu à peu, les machines à fabriquer de la dentelle remplacent la dentelle à l'aiguille et il ne subsiste aujourd'hui qu'une douzaine de dentellières à Alençon.

17 stitch

18 spider's web

LES PATOIS[19] NORMANDS

Une identité est très souvent le fruit d'une langue commune. Il existe en Normandie **plusieurs patois** normands. Ils ont pour base principale le français, auquel se sont ajoutés au fil des ans et des influences, des mots celtiques, latins, germaniques et scandinaves.

L'un des traits de ces patois normands est que le ç français devient *ch* en normand ('chent' au lieu de 'cent'); le *ch* français par contre devient *K* : 'Kandelle' pour chandelle, 'Ka' pour chat.

Par définition, ces patois appartiennent à la langue parlée et non à la langue écrite. Cependant, des efforts ont été faits pour orthographier le patois normand, autant que possible, notamment par Fernand Lechanteur. Le texte qui suit, est une illustration d'un patois de Basse-Normandie:

> Y avait eunne feis eunne janne file qu'était partie en conditioun à Paris. Quaund o revint en vacaunches pou le prumi coup tchu ses gens, ol 'tait, byin seu, habillie en criature de la ville et coume par effet se parlochait du muus qu'o pouvait. Nou se moquait de lyin comme dé juste et les gens li dyisaient:'Tu deis ahanner à essayi de prêchi coume les horsains!'. Mais, ouah! la pouore criature prétendait qu'o ne coumprénait pus touos les mots (qu'o dyisiait). Mais v'lo-t-i pas qu'eun biâo jou qu'i s'n âlaient dauns les cllos envilloter, o pilit sus eun râté qu'était plléchi la goule en hâot âo lu que d'ête adenté. Cha fait que lé maunche li arrivit en plleine goule et li émachit nâtrement le nez. 'Ho! qu'o fit, sauns réflléchi, sacré mâodit râté que tu m'a fait ma!'... Et ch'est ainchin qu'o fut guérie dé s'n ohi et se r'mint à prêchi coume eun chrétian.
>
> (*La Normandie traditionnelle*, Fernand Lechanteur, Editions OCEP, 1983)

(Il y avait une fois une jeune fille qui était partie à Paris comme domestique. Quand elle revint en vacances pour la première fois chez ses parents, elle était habillée, bien sûr, en femme de la ville et parlait du mieux qu'elle pouvait. On se moquait d'elle comme de juste et les gens lui disaient: 'Tu dois peiner pour essayer de parler comme les horsains[20]!'. Mais, oh! la pauvre fille prétendait qu'elle ne comprenait plus tous les mots qu'on lui disait. Mais voilà qu'un beau jour, alors qu'ils s'en allaient travailler dans les champs, elle marcha sur un râteau[21] qui était placé la tête en haut au lieu d'être à plat ventre. Ce qui fait que le manche lui arriva en pleine figure et lui blessa le nez. 'Oh', dit-elle sans réfléchir, 'sacré maudit râteau, que tu m'as fait mal!' Et c'est ainsi qu'elle fut guérie de son défaut et se remit à parler comme une chrétienne.)

Les patois normands ont fortement influencé le français parlé au Québec.

Associés à la vie rurale et maritime, ils sont en voie de disparition en Normandie depuis que dans les écoles, les élèves ont commencé à apprendre un français standardisé. Il est certain qu'ils ne retrouveront jamais la place qu'ils occupaient autrefois. Ils persistent de nos jours principalement chez les pêcheurs du littoral.

Le vocabulaire normand reste toutefois **fortement typé** aujourd'hui:

un bésot:	un petit individu, un enfant
une bigne:	un gros morceau de bois
recevoir une bigne:	tomber
brasser:	faire le cidre
la goutte, la blanche:	le calvados[22]
une pouche/pouque:	un sac de toile
une sapinette:	une pomme de pin
aller à la rocaille:	aller pêcher dans les rochers

22 apple brandy

De plus, il existe de nos jours des réactions de défense contre la disparition de ces patois. Le groupe de musiciens *Magène*, qui a choisi la musique pour redonner vie au patois normand, vient de sortir un disque compact *La Louerie*, qui allie textes anciens et musique moderne.

LA GASTRONOMIE NORMANDE

'Y n'ia point d'fainiants à table'[23] dit un dicton normand. Une tradition qui rapproche la Basse et la Haute-Normandie et qui ne montre aucun signe de fatigue, c'est sans nul doute l'**amour de la bonne nourriture**.

23 'no idlers at a table'

• *Une tradition gastronomique*

La Normandie possède en effet l'une des cuisines les plus riches de France par sa qualité, sa quantité... et ses calories! Poissons, crustacés[24], viandes, desserts sont servis avec du beurre, de la crème, du cidre, du calvados, des pommes. Toutes les combinaisons sont possibles!

24 shellfish

C'est une cuisine provinciale par excellence, basée sur des produits locaux, servis en grande quantité. Tout à fait à l'opposé des principes de la nouvelle cuisine!

La réputation de la gastronomie normande a été renforcée par Flaubert et Maupassant. Ce sont eux qui ont propagé l'image d'un paysan normand ne refusant jamais l'occasion d'un bon repas! La description du mariage d'Emma Bovary par Flaubert est un classique du genre:

C'était sous le hangar de la charretterie[25] que la table était dressée. Il y avait dessus quatre aloyaux[26], six fricassées de poulets, du veau à la casserole, trois gigots[27] et, au milieu, un joli cochon de lait rôti[28], flanqué de quatre andouilles à l'oseille[29]. Aux angles, se dressait l'eau-de-vie dans les carafes. Le cidre doux en bouteilles poussait sa mousse[30] épaisse autour des bouchons et tous les verres, d'avance, avaient été remplis de vin jusqu'au bord. De grands plats de crème jaune, qui flottaient d'eux-mêmes au moindre choc de la table, présentaient, dessinés sur leur surface unie, les chiffres des nouveaux époux en arabesque de nonpareille[31]. On avait été chercher un pâtissier d'Yvetot pour les tourtes[32] et les nougats. Comme il débutait dans le pays, il avait soigné les choses; et il apporta lui-même, au dessert, une pièce montée[33] qui fit pousser des cris...

(Gustave Flaubert, *Madame Bovary*).

25 cart shed
26 sirloins
27 legs of lamb
28 roast suckling pig
29 sorrel
30 'head', froth

31 hundreds and thousands
32 pies, tarts
33 wedding cake in layers, tiers

• *Le lait, 'or blanc de la Normandie'*

La réputation de la gastronomie normande est basée sur le lait et ses différentes formes, le beurre, la crème et le fromage.

Le camembert, le pont-l'évêque, le livarot sont les trois fromages normands d'appellation d'origine contrôlée (AOC). Comme les vins, une trentaine de fromages en France bénéficient de cette appellation qui désigne l'origine géographique d'un produit et en fixe strictement la composition, le mode de fabrication et les caractéristiques physiques.

• *L'histoire du camembert*

Le camembert est le fromage le plus représentatif de la France à l'étranger. Il doit son nom à son origine, Camembert, dans l'Orne, petit village de deux cents habitants.

En 1791, une fermière, Marie Harel, perfectionne, au manoir de Beaumoncel, un petit fromage crémeux au parfum délicat qui, très vite va connaître un vif succès sur les marchés voisins.

Grâce au développement des moyens de transport et en particulier au moment de l'ouverture de la ligne de chemin de fer entre la Normandie et Paris, le camembert étend sa réputation. Sa fabrication devient l'une des activités principales du Pays d'Auge.

Pendant la Première Guerre mondiale, les soldats reçoivent dans leur ration alimentaire une portion de camembert qu'ils apprennent à apprécier et continueront à consommer après la guerre. Le camembert se popularise à travers toute la France.

La fermière, Marie Harel, est reconnue 'bienfaitrice de l'humanité' en 1928.

• *La pomme*

'L'odeur de mon pays était dans une pomme' disait dans *Ferveur*, la poétesse Louise Delarue-Mardrus, née à Honfleur (1874-1945). La Normandie est en effet par excellence le pays de la pomme. Les pommiers qui fleurissent pendant quatre semaines entre la mi-avril et la mi-mai font encore aujourd'hui partie de l'image traditionnelle de la Normandie.

C'est vers la fin du Moyen-Age que la pomme y fait son apparition. Sa culture s'étend à partir du 16ème siècle.

• *Le cidre*

La pomme est principalement utilisée pour faire du cidre: la Normandie produit 45% des pommes à cidre en France. De nos jours, la fabrication du cidre est totalement mécanisée dans des cidreries ultra-modernes.

Le cidre, boisson dévalorisée à l'origine, devient, grâce à l'amélioration de sa qualité, une boisson très appréciée, qui atteint son apogée vers 1870. Le goût pour le cidre ne s'étendra cependant jamais à toute la France, malgré les efforts des gastronomes:

> Nous avons ici à secouer[34] un préjugé qui existe chez tout Parisien qui aura bu ce que l'on appelle aussi le cidre d'Isigny. A Paris, il passe pour constant que le cidre est détestable et cela parce qu'on ne le connaît pas. Nous concevons l'invincible répugnance que tout étranger éprouve pour le cidre en venant en Normandie et cependant, rien n'est meilleur, rien n'est plus délicat que le cidre du Bessin...
>
> (*La Gastronomie*, 1840)

34 challenge, shake up

Aujourd'hui, le cidre revient à la mode. Sa qualité s'est améliorée d'année en année et il a de nouveau l'image d'une boisson moderne: léger, pas trop sucré, pas trop alcoolisé. Dans les dîners chics, on le propose de nos jours avec les poissons et les crustacés, la volaille[35] et même... les fromages!

35 poultry

• *Le calvados*

Autre utilisation de la pomme, le calvados, produit principalement en pays d'Auge. Le calva, comme on le nomme affectueusement, fait partie du 'folklore' normand:

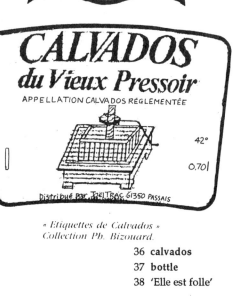

« Etiquettes de Calvados »
Collection Ph. Bizouard.

> (La nouvelle institutrice s'est aperçue que ses élèves ont apporté à l'école du café mélangé à du calva. Elle leur fait la morale):
>
> – *'J'agis pour votre bien, dit-elle avec douceur. Quand vous le comprendrez, vous m'en serez reconnaissantes. Vous êtes toutes ici les descendantes d'une race qui est l'une des plus belles du monde, une race de conquérants, de constructeurs, de découvreurs, d'artistes... Mais croyez-vous donc qu'on mettait de la goutte[36] dans le biberon[37] de Guillaume le Conquérant?... Non! Il buvait de l'eau pure de nos sources et de nos rivières.' [..]*
>
> - 'L'est folle[38]!' murmura une fillette.
>
> (Jean Amila, *Jusqu'à plus soif*, Gallimard, coll. Carré Noir, 1981)

36 calvados
37 bottle
38 'Elle est folle'

39 home
distillers

• *Les bouilleurs de cru*[39]

Les bouilleurs de cru sont des agriculteurs qui distillent les pommes pour obtenir du calvados. Ils sont aussi liés à l'image traditionnelle de la Normandie.

Comme tous les alcools en France, le calvados est lourdement taxé. Pour empêcher la fraude, l'Etat exige que le producteur indique sur la bouteille l'heure de la mise en bouteille et le 'congé', c'est-à-dire la taxe payée.

Cette obligation a donné lieu à de nombreuses manifestations des bouilleurs de cru. En 1935, lors de l'une de ces manifestations, les paysans chantaient sur l'air de *la Marseillaise*:

> La liberté dans nos villages
> Nous la voulons pour distiller,
> Nous voulons que dans nos ménages
> L'Etat cesse de nous piller.

« Le jour de boire est arrivé... » (gravure populaire, début du siècle) Fonds normand de la Bibliothèque municipale de Caen.

40 heartburn
41 soup
42 boiled beef
with vegetables

Il existe encore aujourd'hui des bouilleurs de cru qui ont gardé le privilège de distiller 10 litres d'alcool pur (100°) sans taxe.

• *Le 'trou normand'*

Autre habitude normande: le trou normand, ce petit verre de calvados pris entre deux plats pour mieux digérer:

Est-ce le calvados qui est à l'origine du trou normand, est-ce le trou normand qui a créé le calvados? Le saurons-nous jamais? Mais le fait est là: le trou normand existe... pour la joie des gastronomes de l'univers...

Le trou normand a une raison d'être: le cidre, en grande quantité – et le boit-on autrement en Normandie? – est froid à l'estomac et produit des aigreurs[40]. Un bon alcool combat ces effets. Un grand repas normand est toujours ordonné ainsi: bouillon[41] et pot-au-feu[42] après lesquels on boit un verre de vin, tripes, gigot, puis le trou normand; ensuite vient le rôti de veau et la volaille, les desserts, le café et le re-calvados.

(Curnonsky & Rouff, *La France gastronomique – Guide des merveilles culinaires et des bonnes auberges françaises – La Normandie*)

• *Le hareng*

Depuis le Moyen-Age, le hareng a été la spécialité des ports de Fécamp et de Dieppe et il a inspiré de nombreuses recettes de cuisine:

Harengs à la dieppoise

Plonger des harengs pas trop gros dans un court-bouillon froid que l'on aura préparé la veille, en faisant bouillir un demi-litre de cidre sec, un verre de vinaigre de cidre, une carotte coupée en rondelles, des petits oignons piqués de clous de girofle[43], du thym, laurier[44], sel et poivre en grains. Pour parfumer, ajouter quelques rondelles de citron et à petite ébullition[45] faire cuire les poissons environ quinze minutes. Consommer froid.

43 cloves
44 bay leaves
45 low heat

• *Les fruits de mer*

Huîtres, moules, crevettes, homards[46], crabes font tous partie de la gastronomie normande. Ils sont accompagnés de sauces diverses à base de crème, cidre ou calvados et sont servis dans tous les restaurants du littoral.

46 lobsters

• *Les tripes à la mode de Caen*

Les tripes existaient déjà chez les Romains. C'est un moine de Caen qui, au 16ème siècle, va donner aux tripes à la mode de Caen, leur réputation nationale.

Aujourd'hui, les tripes souffrent d'une assez mauvaise image culinaire. Pourtant, depuis 1955, il existe un concours de la 'tripière d'or', qui attire tous les ans les tripiers de différents pays du monde.

UN CARACTÈRE NORMAND?

L'amour de la bonne nourriture ne suffit pourtant pas pour conclure à l'existence d'une forte identité régionale. Alors, devant la disparition des modes de vie traditionnels et la diversité de la Normandie, peut-on parler d'un caractère normand? La personnalité normande, spécialement celle du paysan normand, a certainement intéressé les écrivains et fait l'objet de nombreuses études. Certains stéréotypes, parfois cruels dans leur exagération, en sont le résultat:

• *Le Normand prudent et méfiant*

Les Français associent le tempérament normand avec un type de caractère qui hésite à se prononcer, à s'enthousiasmer, pour mieux négocier à son avantage. Les expressions bien connues qui suivent reflètent cette prudence légendaire des Normands:

- *'p'têt ben qu'oui, p'têt ben qu'non'* (peut-être bien que oui, peut-être bien que non)
- *'ça s'porrait bié'* (ça se pourrait bien)
- *'c'est pas mal'* (au lieu de 'c'est bien').

• *Le Normand avare*

Le stéréotype dominant dans la littérature est celui du Normand avare, avide de terres et de richesses. C'est le portrait que Guy de Maupassant aime à peindre, accentuant les défauts des paysans normands plutôt que leurs qualités, comme ici dans *Le Horla* (1887):

Le médecin, élevant la voix, disait:

– 'Honoré, vous ne pouvez pas laisser votre mère toute seule dans cet état-là. Elle passera[47] d'un moment à l'autre!'

Et le paysan, désolé, répétait:

– 'Faut pourtant que j' rentre mon blé; v'là trop longtemps qu'il est à terre. L'temps est bon justement. Qué qu't'en dis, ma mé?'

Et la vieille mourante, tenaillée[48] encore par l'avarice normande, faisait 'oui' de l'oeil et du front, engageait son fils à rentrer son blé et à la laisser mourir toute seule.

Mais le médecin se fâcha et, tapant du pied:

– 'Vous n'êtes qu'une brute, entendez-vous, et je ne vous permettrai pas de faire ça, entendez-vous! Et, si vous êtes forcé de rentrer votre blé aujourd'hui même, allez chercher la Rapet[49], parbleu! et faites-lui garder votre mère. Je le veux, entendez-vous! Et si vous ne m'obéissez pas, je vous laisserai crever[50] comme un chien, quand vous serez malade à votre tour, entendez-vous?'

Le paysan, un grand maigre, aux gestes lents, torturé par l'indécision, par la peur du médecin et par l'amour féroce de l'épargne[51], hésitait, calculait, balbutiait:

– 'Comben qu'é prend[52], La Rapet, pour une garde?'

Portrait peu flatteur pour le paysan normand, injuste, diraient certains, et souvent rejeté par les Normands d'aujourd'hui.

• *Le Normand peu intéressé par la politique*

André Siegfried dans son *Tableau Politique de la France de l'Ouest* a contribué, au début de ce siècle, à propager une image apolitique et conservatrice des Normands (image en même temps peu flatteuse pour les Britanniques!):

Nullement politiciens, très indifférents à l'aspect politique des choses, c'est ailleurs qu'ils situent les réalités à leurs yeux essentielles; opportunistes et sans doctrine, peu portés à mêler le sentiment aux affaires, également hostiles dans leur solide équilibre à la réaction et à la révolution, ces matérialistes robustes sont en somme des conservateurs selon la plus pure tradition d'outre-Manche[53]... Je me demande parfois s'il ne serait pas plus facile d'emprunter la langue anglaise pour parler des Normands.

Il décrit aussi l'attitude de l'électeur et de son représentant:

L'élu[54] tiendra donc autant du notable[55] que du représentant et presque toujours - exception faite pour les conseillers municipaux - il sera choisi dans la noblesse ou la bourgeoisie. Le fermier, qui serait éventuellement[56] jaloux de son égal, ne le sera jamais d'un supérieur. Etant donné sa conception de la hiérarchie sociale, il trouve naturel de

Margin glosses:

47 she will die

48 'tortured'

49 familiar for *Mme* Rapet

50 die

51 savings, hard cash

52 'combien est-ce qu'elle fait payer?'

53 across the channel

54 i.e. député, member of Parliament

55 local worthy

56 possibly

voter pour un 'Monsieur'. Et puis, il a autre chose à faire que s'occuper de politique: il serait dépaysé[57] à la ville et ses affaires en souffriraient... Quant au député, ce sera toujours un homme du pays, connu individuellement et de longue date, capable de rendre des services personnels et surtout d'aspect rassurant... Quel dommage d'être obligé de se prononcer par oui ou par non!

57 out of place, ill at ease

Les choses semblent avoir peu changé depuis lors. Dans son analyse de la Haute-Normandie, Yves Guermont s'inquiète du manque d'intérêt des Hauts-Normands pour les affaires de leur région:

Une des grandes faiblesses de la Haute-Normandie est celle de l'information, on ne se lassera jamais de le répéter. Elle est non seulement parcellaire[58] et déficiente, mais elle n'est jamais conçue dans un cadre régional. Le quotidien de Rouen ne souffle mot de ce qui se passe au Havre, et ceux du Havre le lui rendent bien; quant à Evreux...

58 patchy, fragmented

Les thèmes nationaux apparaissent comme les seuls enjeux politiques sérieux. Il reste une place pour la démocratie locale, mais elle est limitée aux questions de tous les jours: les parkings, les Maisons de Jeunes, les écoles primaires et secondaires.

(*Géopolitiques des régions françaises*, sous la direction d'Yves Lacoste,
© Librairie Arthème Fayard, 1986)

Finalement, dans la quête d'une identité normande, l'individualité et la diversité l'emportent-elles[59] une fois de plus sur l'identité et l'unité? A cette question, choisissons une réponse de Normand: 'p'têt ben qu'oui, p'têt ben qu'non'!

59 count for more than

ACTIVITÉS

1. Soulignez les principales caractéristiques de l'identité de votre région, en suivant le même plan que dans ce chapitre, c'est-à-dire:

- objets et habillement traditionnels
- patois, langue régionale, accent, etc.
- gastronomie particulière à la région
- caractère des gens

2. Vous devez interroger le chef cuisinier d'un grand restaurant normand sur les caractéristiques de la gastronomie normande. Préparez cinq ou six questions que vous aimeriez lui poser.

3. Traduisez l'extrait de la nouvelle de Guy de Maupassant, p. 48 (Le médecin, élevant la voix ... pour une garde).

4. Résumez en quelques lignes les traits principaux que l'on attribue au caractère normand. Croyez-vous que les Normands aient lieu d'être agacés par le portrait dressé par Maupassant à la page 48?

5 TROIS GRANDES VILLES NORMANDES

1 going back a long time

Les divisions entre Normands ont été déjà de nombreuses fois soulignées. La rivalité la plus vive – et qui ne date pas d'hier[1] – est peut-être celle qui existe entre les trois grandes villes normandes, Caen, Rouen et Le Havre, villes opposées, concurrentes et complémentaires à la fois. Pourquoi cette rivalité?

• **Caen**, capitale de la Basse-Normandie, et **Rouen**, capitale de la Haute-Normandie, sont des villes historiques, en concurrence depuis que Guillaume Le Conquérant a construit son château à Caen. En 1955, la création de deux régions administratives, Haute-Normandie et Basse-Normandie, a donné à ces deux villes le statut de capitale régionale et a renforcé leur fonction politique et administrative. Elles revendiquent toutes deux le titre de capitale de la Normandie.

• **Le Havre**, grand port de mer, et **Rouen**, port sur la Seine, sont en concurrence depuis la décision au 16ème siècle de construire un port au Havre. A une centaine de kilomètres l'un de l'autre, les deux ports ont choisi de se spécialiser dans des domaines différents.

Les trois villes ont pourtant bien des intérêts communs. Elles ont d'ailleurs créé une association, *Normandie Métropoles*, en vue de favoriser la promotion culturelle, sportive et touristique des trois villes à l'étranger et d'empêcher le déclin de la région. Il existe quelques premiers signes de coopération, comme un stand commun à la Foire internationale de Hanovre en Allemagne, mais les résultats sont encore modestes.

Cet effort est officiellement encouragé par le gouvernement français:

La recherche d'une complémentarité entre villes est un impératif pour l'Etat qui devra répartir harmonieusement les équipements coûteux qui relèvent de sa compétence (universités, laboratoires...) en favorisant l'émergence de pôles d'excellence plutôt qu'en confortant les rivalités dans la médiocrité.

Favoriser l'organisation de ces réseaux de villes par la solidarité, la complémentarité et la spécialisation est indispensable pour rivaliser avec les grandes métropoles européennes.

(Lettre de la DATAR[2], No 119, août-septembre 1988)

2 *Délégation à l'aménagement du territoire*

Mais il s'agit bien d'un mariage de raison car sur le plan économique, les trois villes sont plus que jamais en concurrence pour attirer les investissements et les créations d'emplois de plus en plus précieux.

ROUEN, UNE VILLE HISTORIQUE EN PERTE DE VITESSE

• *Un passé glorieux*

Ville préhistorique puis romaine, Rouen fut la capitale des ducs de Normandie. Au 12ème siècle, on estime qu'il y avait 10 000 habitants à Rouen, ce qui faisait d'elle l'une des villes les plus peuplées de l'époque. De nombreux poètes chantent sa gloire, ainsi ce poète anonyme:

> Noble Rouen, ville antique, puissante et belle,
> Le peuple normand t'a choisie pour capitale...
> Tu es semblable à Rome tant par le nom que par la notoriété.
> La Bretagne vaincue par tes forces est à ton service.
> L'orgueilleux Anglais, le froid Ecossais, le sauvage Gallois,
> T'apportent, dans leurs mains tendues, les tributs qu'ils te doivent.
> (*Histoire de Rouen*, direction Michel Mollat, Privat, Toulouse, 1979)

Jusqu'au 17ème siècle, elle restera la 'seconde ville du Royaume'.

• *Rouen et la révolution industrielle*

Rouen a traditionnellement beaucoup profité de la terre: les propriétaires des riches fermes du Pays de Caux vivaient à Rouen et laissaient leurs terres dans les mains de fermiers. Ce ne sont pas les investissements risqués dans l'industrie ou outre-mer qui ont fait les fortunes des bourgeois rouennais mais les loyers[3] et l'épargne. On disait au 19ème siècle qu'un bon Rouennais devait 'vivre du revenu de son revenu'.

3 renting of farm land

Cependant, au 19ème siècle, les activités industrielles de la ville se diversifient: Rouen est surnommée à l'époque le 'Manchester français' par l'agronome anglais Arthur Young, lors d'une visite en France.

• *Déclin de Rouen*

Cependant, l'importance de Rouen ne cesse de reculer depuis lors:

Rang de Rouen parmi les villes françaises
5ème en 1836
8ème en 1962
9ème en 1975
12ème aujourd'hui
78ème au rang des villes européennes

Rouen est aujourd'hui la deuxième ville du Bassin parisien après Paris. Pourtant, au niveau européen, la ville ne figure pas sur la liste des 'grandes métropoles de niveau international', comme Paris, Lyon, Marseille et Lille, ce qui n'est pas étonnant. Elle ne figure pas non plus sur la liste des 'grandes villes de niveau national'. Ceci est plus surprenant, car dix-huit villes françaises y figurent.

Elle est considérée comme 'une ville moyenne de niveau national'.

• *Les raisons du déclin*

Comment peut-on expliquer ce phénomène?

L'une des raisons que l'on avance souvent est **le manque d'une grande zone d'influence** autour de Rouen:

> • Au niveau commercial, elle est concurrencée par Le Havre, second port français.

> • Au niveau agricole, Rouen occupe une position centrale dans le Pays de Caux, région agricole très riche, mais a peu d'influence sur les grandes exploitations agricoles du département de l'Eure, plutôt tournées vers le Bassin parisien.

> • Dans le domaine universitaire, Rouen est en concurrence avec Caen, pourtant assez éloignée, et Le Havre. L'université de Rouen a été créée en 1964, une date relativement récente pour une ville d'une telle importance.

4 advantage, asset

Et surtout, **la présence de Paris** est à la fois un atout[4] et une menace pour Rouen.

• *'Paris, banlieue de Rouen'*

C'est à la proximité de Paris et à la navigabilité de la Seine que Rouen doit son développement initial. Bien qu'il faille un minimum de six heures pour remonter la Seine de Rouen jusqu'à la mer, Rouen a été très tôt et reste aujourd'hui 'le port de Paris'.

La région parisienne a besoin de Rouen, port fluvial et maritime, pour écouler ses produits, en particulier les céréales produites sur les grandes plaines du Bassin parisien.

De plus, depuis toujours en France, le coeur des affaires est situé à Paris et à cet égard, selon M. Kerr, ancien adjoint au maire de Rouen, la ville de Rouen est bien placée:

> Quand vous avez une affaire très importante à traiter, c'est là que se trouvent les ministères. Malgré la décentralisation qui a délégué beaucoup d'activités dans les départements et les régions, le centre, c'est toujours Paris. Donc, si on veut aller à Paris, on est à une heure de train, on peut faire l'aller-retour en une matinée ou dans l'après-midi.

Beaucoup de gens habitent à Rouen et vont travailler à Paris tous les jours:

> Ils prennent le train et ils reviennent le soir parce qu'ils trouvent la vie plus agréable à Rouen. En fait, on met une heure pour aller à Paris. Vous avez des gens de banlieue qui mettent facilement une heure et qui préfèrent venir habiter à Rouen. Les tarifs des immeubles, en vente comme en location, sont beaucoup moins élevés.

• *'Paris et le désert français'*[5]

Rouen n'a pas connu le développement d'autres villes françaises. La ville subit en fait un phénomène assez connu et que partagent de nombreuses villes situées à une centaine de kilomètres de Paris: le grand obstacle à leur développement est la proximité de la capitale.

On utilise la ville de province comme un lieu où l'on vit le soir et le week-end mais on ne développe pas suffisamment les activités propres de la ville, et par conséquent, on n'y crée pas de nouveaux emplois. Les chiffres qui suivent, qui ne s'appliquent pas spécifiquement à Rouen, illustrent toutefois très clairement ce problème:

	Haute-Normandie	Ile-de-France
accroissement de la population 1975-1990	+ 141 000	+ 782 000
accroissement des emplois 1975-1990	- 5 000	+ 220 000

5 title of a book by Jean-François Gravier

Il est souvent question de construire un grand aéroport international près de Rouen, mais l'aéroport de Paris, Roissy-Charles-de-Gaulle, n'est qu'à une heure de route.

De même, le développement culturel de Rouen souffre de la concurrence de Paris car, malgré les efforts faits par la ville, des investissements importants sont difficiles à justifier dans ce domaine.

• *Urbanisme et politique*

Rouen a en France une image de ville conservatrice. C'est sa rive droite, fière de son patrimoine culturel et monumental, qui lui donne cette image. Rive gauche, on trouve les usines et la plupart des infrastructures portuaires et ferroviaires.

A l'exception du quartier populaire[6] des Sapins, la rive droite regroupe les classes aisées qui se sont installées sur les hauteurs de la ville. La classe ouvrière, elle, habite principalement rive gauche, dans les vallées.

6 working class

De ce point de vue, Rouen est l'une des villes françaises qui présente la séparation la plus marquée entre les différents groupes sociaux.

Cette division sociale se traduit nettement sur le plan politique: la rive droite vote à droite, la rive gauche à gauche.

La vie politique autour de Rouen

• La personnalité de **Jean Lecanuet**, décédé le 22 février 1993, maire de Rouen pendant vingt-cinq ans, a dominé la vie politique de la ville de Rouen depuis 1968. C'était l'une des personnalités politiques normandes les plus connues en France depuis sa candidature à la présidence de la République en 1965. Certains attribuent à son conservatisme le retard pris dans certains domaines par la ville de Rouen.

• Rive gauche, dans les communes proche de Rouen, on trouve des maires socialistes et quelques maires communistes. Au Grand-Quevilly, **Laurent Fabius**, ancien premier ministre socialiste, a été réélu maire sans surprise en 1995.

Des efforts ont été faits pour donner davantage d'unité à la ville, comme l'explique M. Patrick Kerr, l'ancien adjoint au maire de Rouen:

> La coupure existe de moins en moins, encore moins depuis le 17 décembre 1994 où nous avons mis en place un Métrobus qui permet une liaison très rapide entre la rive sud et la rive nord. Parce que nous ne disons plus la rive gauche et la rive droite, mais la rive sud et la rive nord... On dit d'ailleurs à Rouen que la rive sud est plus ensoleillée que la rive nord. Mais il faut savoir que le Conseil Général, la Préfecture, la Cité administrative sont sur la rive sud. Le métro a rapproché beaucoup les deux rives... Mais c'est vrai que le coeur historique de la ville n'a pas pu changer, la cathédrale, le Gros-Horloge... ils sont toujours sur la rive nord.

Efforts insuffisants sans doute pour des électeurs rouennais à la recherche d'un changement plus profond. C'est ainsi qu'en juin 1995, les Rouennais ont élu un maire socialiste, M. Yvon Robert, connu à Rouen pour son rôle dans la construction du Métrobus. Il s'est donné pour mission de *'réconcilier la ville, traiter tous les habitants et tous les quartiers de la même façon'* (Paris-Normandie, 19 juin 1995).

• *Rouen, ville-musée*

Rouen possède une forte vocation touristique et culturelle. La cathédrale de Rouen reçoit 300 000 visiteurs par an en moyenne. Deux cent trente monuments y sont inscrits ou classés: le Gros-Horloge, le Palais de Justice, la place du Vieux-Marché, l'église et le cloître Saint-Maclou, l'abbatiale Saint-Ouen...

Il s'agit essentiellement d'un tourisme de passage, qui retient les visiteurs pendant quelques heures, rarement plus d'une journée. Les Rouennais aimeraient que les visiteurs restent plus longtemps.

A cette fin, le musée des Beaux-Arts, totalement rénové, a récemment réouvert ses portes; les croisières se développent, proposant aux touristes une descente de la Seine avec escale[7] à Rouen.

7 visit, stop-over

• *Les 'problèmes de banlieues'*

Les nombreuses fermetures d'usines depuis 1975 ont ravagé de nombreux sites, apportant le chômage et détruisant le tissu social[8] des quartiers ouvriers.

8 social fabric

Malgré de grands efforts de rénovation, certains quartiers populaires deviennent parfois explosifs. Le quartier des Sapins est tristement célèbre pour son mal de vivre:

> Prenez un quartier de tours[9], entassez-y des familles, laissez pousser les jeunes sans formation et sans emploi, et vous verrez éclore[10] désespérance et violence. Rouen aussi a éprouvé la recette.

9 tower blocks
10 develop

> ... Des centaines de jeunes ont hurlé dans la rue leur ras-le-bol[11]: jets de pierre, voitures cramées[12], vitrines cassées. C'est la mort de l'un de leurs potes[13], Ibrahim Sy, qui a mis le feu aux poudres[14]. A bord d'une voiture volée, il se livrait avec deux copains à quelques vols à la roulotte[15] au pied d'un hôtel de Val-de-Reuil. Un gendarme l'a abattu. Les circonstances exactes du drame ne sont pas connues. Qui a tort, qui a raison? Pour l'heure, les jeunes s'en foutent[16]: Ibra est mort, presque 'dans l'exercice de ses fonctions', celles d'un jeune au chômage qui grapille[17] çà et là pour gagner sa croûte[18].

11 discontent
12 burnt out
13 mates
14 brought things to a head
15 thefts from a parked car
16 don't give a damn
17 'grafting'
18 to earn his crust

(*Normandie Magazine*, mars 1994)

Le nouveau maire qui promet 'un nouveau souffle pour Rouen' a du pain sur la planche[19]!

19 has his work cut out

LE HAVRE, GRANDE RIVALE DE ROUEN

A l'embouchure de la Seine, Le Havre, rivale de Rouen depuis la création du port en 1517 par le roi François 1er, se distingue de Rouen par de nombreux aspects:

• *Une ville ouverte sur le grand large*[20]

20 a maritime city

Le Havre occupe une position exceptionnelle au bord de la Manche. Le port s'est spécialisé très vite dans le commerce des produits exotiques comme le café, le coton, le poivre et les bois exotiques. Le port effectuait en 1766 un quart du commerce colonial français. A la veille de la Révolution, Le Havre était devenu le second port pour la traite des noirs[21] de France.

21 slave trade

Après l'abolition de l'esclavage commence la grande époque des transatlantiques[22].

22 ocean-going liners

• *La nostalgie des transatlantiques*

Ils naviguaient vers l'Amérique, chargés de passagers et d'espoirs. On venait spécialement au Havre pour les voir partir.

En 1865, on faisait déjà le Havre-New York en quinze jours sur des bateaux à vapeur!

Depuis, les temps ont changé. Les 'transats' ont disparu. Il y a vingt ans, il existait au Havre un quai appelé 'le quai de l'oubli'. C'est là que rouillait[23] lamentablement le dernier des

23 rusted

'transats' français, le paquebot *France*, en attendant d'être fixé sur son sort:

Le France

24 **its maiden voyage**

25 **flag**

Il fut inauguré[24] en janvier 1962. Il s'arrêta de naviguer sous pavillon[25] français en 1974 et fut vendu en 1978. Il sert maintenant, sous pavillon norvégien, de bateau de croisière dans les Caraïbes et a été rebaptisé le *Norway*.

C'est encore aujourd'hui le plus grand bateau de croisière du monde!

Triste fin pour une belle aventure qui a capturé les imaginations et laissé un fort sentiment de nostalgie!

• *Une ville assimilée à son port*

Dans le reste de la France, la ville du Havre souffre d'un problème d'image: elle est souvent perçue comme un port et rien de plus. Il est vrai que le port du Havre génère, directement ou indirectement, 35% des emplois de la ville.

La mairie du Havre a essayé de développer une nouvelle image centrée sur la qualité de vie dans une ville qui possède une grande plage au centre-ville et une université avec 8 000 étudiants.

• *Une ville essentiellement ouvrière*

Mais, on ne peut nier ce que l'on est et a été. Du fait de la présence du port, la plupart des Havrais ont été traditionnellement des marins, des ouvriers ou des dockers.

Ils menaient une vie de travail difficile, souvent exploités par des patrons qui, eux, amassaient des fortunes colossales. Avec la naissance du syndicalisme à la fin du 19ème siècle, ils ont commencé à s'organiser et à revendiquer de meilleures conditions de travail et surtout des salaires plus élevés. Témoin l'affaire Durand qui a bouleversé la ville en 1910 et qui était plus connue à l'époque en France que l'affaire Dreyfus[26]:

26 **French Jewish officer accused wrongly of spying**

L'affaire Durand

27 **redun-dancies**

28 **trade unions**

29 **drunks**

30 **pardoned**

L'introduction d'une nouvelle machine servant à charger le charbon dans les docks provoque des licenciements[27] et les syndicats[28] tentent de s'y opposer. La grève commence. Le 10 septembre, à la suite d'une querelle entre ivrognes[29], un non-gréviste, Capron, est assassiné. Le secrétaire du syndicat, Jules Durand, est accusé du meurtre et condamné à mort le 25 novembre 1910.

Les ouvriers havrais déclenchent une grève générale pour obtenir la révision du procès. L'affaire prend des proportions nationales et Jules Durand est grâcié[30] le 15 juin 1918. Mais Durand, devenu fou, passera le reste de ses jours dans un hôpital psychiatrique.

Un boulevard havrais porte aujourd'hui le nom de Jules Durand.

L'auteur dramatique Armand Salacrou, né à Rouen en 1899, a fait de cette histoire une émouvante pièce *Boulevard Durand*, représentée au Havre en 1961 devant un public enthousiaste et ému. Le personnage Jules Durand s'adresse ici à ses camarades:

'[..] La grève sera donc terminée. De toutes nos revendications, aucune ne sera satisfaite. Nous serons aussi malheureux qu'avant, avec, en plus, les dettes à payer. Le travail reprendra demain à l'aube. Mais, dans l'étouffement[31] et le charbon, je vous en conjure[32], gardez le souvenir de notre union[33]. Car les temps sont proches, les temps sont proches où les ouvriers du monde entier, ensemble, à la même heure, se croiseront les bras. Et devant cette immobilité terrible, le patronat impuissant se décomposera. Camarades, c'est en pensant à la lutte finale que demain, la tête haute, nous retournerons dans la poussière...'

(*Boulevard Durand*, Armand Salacrou)

31 suffocation
32 I beg you
33 solidarity

• *Un bastion du Parti Communiste*

Traditionnellement, le Parti Communiste est fort au Havre à cause de l'implantation dans le port de la CGT[34], syndicat à tendance communiste. Le prestige des résistants communistes, et notamment de l'ancien maire, André Duroméa, pendant la Seconde Guerre mondiale a aussi contibué à la bonne image du Parti Communiste dans la ville. La ville du Havre est jumelée, entre autres, avec Saint-Pétersbourg, qui portait jusqu'à récemment le nom de Léningrad.

Cependant, avec un taux de chômage de 17% et un revenu moyen en dessous de la moyenne nationale, la ville du Havre connaît elle aussi ses 'problèmes de banlieues'.

34 *Confédération Générale du Travail*, most important French union

---

La vie politique au Havre

En 1956, la mairie du Havre devient communiste. Les Communistes la perdent en 1959, puis la retrouvent en 1965. Ils ne la quitteront plus jusqu'en 1995 où, à la surprise générale, le candidat communiste est battu par le président de droite du Conseil régional de Haute-Normandie, M. Rufenacht.

A cette occasion, les quartiers populaires havrais ont voté largement pour la liste du Front National qui a obtenu 20% des voix!

• *Une politique culturelle ambitieuse*

La mairie communiste du Havre a mené pendant des années une politique culturelle ambitieuse. A l'initiative d'André Malraux, le ministre de la culture de l'époque, Le Havre a été la première ville de France à posséder, en 1961, une **Maison de la Culture**.

Plus récemment, l'aspect du centre-ville a été transformé par la construction de l'**espace Niemeyer**, inauguré en 1982 et conçu par Oscar Niemeyer, l'architecte de Brasilia, la capitale très moderne du Brésil. Avec des cinémas, une salle de spectacles et de grands espaces d'exposition, cet espace a été rebaptisé *Le Volcan*.

En outre, il existe dans les différents quartiers du Havre dix centres de loisirs et de culture et tous les ans, des activités culturelles gratuites (théâtre, cirque) sont organisées dans les rues du Havre.

LES RIVALITÉS ENTRE ROUEN ET LE HAVRE

Le Havre aime à souligner son statut de **'plus grande sous-préfecture de France'**. La ville même, sans son agglomération, est plus peuplée que Rouen et Le Havre accepte donc assez mal son rôle administratif mineur:

	Rouen	Le Havre
Population agglomération	380 161	253 627
Population ville	102 723	195 854
Trafic portuaire (m./t.)	22.3	54

Source: SIVOM de l'agglomération rouennaise

35 opinion poll

Un sondage[35] effectué par les quotidiens *Paris-Normandie* et *la Presse Havraise* auprès de 1 200 personnes en 1991 montre l'ambiguïté des relations entre Rouennais et Havrais:

36 so-so

	Réponses des Rouennais: (en %)	Réponses des Havrais:
1) Aimez-vous la ville de Rouen?		
Beaucoup	59.0	34.6
Moyennement[36]	39.2	55.9
Pas du tout	1.8	1.5
2) Aimez-vous la ville du Havre?		
Beaucoup	6.8	40.0
Moyennement	39.0	48.0
Pas du tout	30.8	12.0
3) Allez-vous souvent au Havre?		
oui	13.5	
non	86.5	
4) Allez-vous souvent à Rouen?		
oui		37.7
non		62.3

Les mentalités changent lentement, sous la pression, il est vrai, du gouvernement qui oblige les villes à collaborer davantage.

En juillet 1994, lors de la grande manifestation *L'Armada de la liberté*, organisée par la ville de Rouen, les grands voiliers[37] ont fait escale au Havre.

37 traditional sailing vessels

Mais il en faudra plus pour mettre fin à des rivalités séculaires[38]!

·38 age-old

CAEN, CAPITALE DE RÉGION

Comme si les relations n'étaient pas assez compliquées, la Normandie possède une troisième ville de taille importante. Il s'agit de Caen, la capitale de la Basse-Normandie:

Caen	
Population agglomération:	188 799
Population ville:	115 624

• *Caen vue par ses habitants*

Qui mieux que les Caennais peut parler de Caen? Voici quelques témoignages recueillis par le journal *Le Point* (5 mars 1994) à l'occasion de la commémoration du cinquantenaire du Débarquement:

Martin Charpentier, étudiant, 20 ans.

Cette ville a une histoire, on le voit à tous les coins de rue. Et la municipalité fait tout ce qu'elle peut pour la rendre encore plus agréable. Même si les travaux engendrent[39] des difficultés. C'est aussi une ville de transit: si on le décide, on peut dans l'après-midi partir en Angleterre.

39 create

Marie-Michèle Binet, professeur.

Je vis depuis vingt ans à Caen, une ville aérée[40], fleurie et verte, où l'on circule bien. Sur le plan culturel, rien à redire[41], qu'il s'agisse des concerts, des expos ou du théâtre. Mais sur le plan économique, c'est terrible: rien à espérer sur place. En plus, alors qu'on n'est pas loin de Paris, il faut deux heures trente de train. Une demi-heure de plus qu'en 1970. Une vraie régression.

40 healthy, 'well ventilated'

41 to complain about

• *Une belle ville administrative*

Surnommée 'l'Athènes du Nord', 'la ville de l'Université et de la Magistrature', Caen est avant tout une ville administrative, située à 220 kilomètres de Paris. Cinquante pour cent des Caennois travaillent dans le secteur tertiaire.

Les monuments historiques restaurés sont de nos jours rentabilisés[42]: le nouvel Hôtel de Ville s'est installé dans les bâtiments de l'Abbaye-aux-Hommes en 1964. Le Conseil

42 put to good use

Régional, lui, s'est installé à l'Abbaye-aux-Dames. Le château est devenu un musée.

• *Une ville culturelle*

C'est son université, fondée en 1432 pendant l'occupation anglaise, qui a donné à Caen une importance sur le plan intellectuel unique en Normandie.

Pourtant, à la différence de Rouen qui possède son propre quotidien régional, *Paris-Normandie*, Caen doit se contenter d'*Ouest-France*, grand journal certes, mais dont le siège est à Rennes, en Bretagne. La région de Caen est donc obligée de se tourner vers la Bretagne plutôt que vers la Haute-Normandie pour ses nouvelles quotidiennes.

Autre symbole de la division profonde entre les deux régions normandes!

• *Une ville dynamique*

En 1994, Caen a reçu du magazine *le Nouvel Observateur* le titre de 'ville la plus dynamique de France'. Le journal justifie son choix par:

43 food process-
ing industries
44 momentum,
prosperity

le boom de l'agro-alimentaire[43] au pays du lait, joint à de belles implantations d'usines [qui] apportent à la Basse-Normandie un essor[44] que n'a pas partagé Rouen.

L'ouverture de la liaison maritime Ouistreham-Portsmouth en 1986 est un autre symbole des liens étroits entre la Basse-Normandie et l'ouest de la France. C'est en effet la compagnie *Brittany Ferries*, dont le siège est à Roscoff, qui a ouvert cette ligne dans le petit port d'Ouistreham, à quelques kilomètres de Caen.

En 1994, plus d'un million de voyageurs ont utilisé cette traversée, dont bon nombre sont des vacanciers britanniques, heureux de passer quelques heures à Caen et dans ses alentours.

• *Le rayonnement de Caen sur l'arrière-pays*

Il n'y a pas d'autres grandes villes que Caen en Basse-Normandie, mais, tout comme dans la Bretagne voisine, un réseau de petites villes constitue l'élément fondamental de l'organisation de la région:

Communes	de 2 000 à 5 000 habitants	de 5 000 à 20 000 habitants	de plus de 20 000 habitants
Calvados	10	12	2
Orne	7	4	1
Manche	10	10	1 (Cherbourg)

Ce sont essentiellement des anciens bourgs, où avaient lieu autrefois des marchés et des foires. Au 19ème siècle, l'emploi industriel fondé sur les forges et les fabriques textiles s'y est développé. La plupart de ces activités ont ensuite disparu. Un élément permanent toutefois est la présence d'une industrie agro-alimentaire forte, basée sur le lait et la viande, dans toute la région.

UNE CAPITALE POUR UNE GRANDE NORMANDIE?

La distinction entre les deux régions de Normandie date du 17ème siècle. Lorsqu'après la Première Guerre mondiale, on commença à parler de former des régions, la Basse-Normandie refusa la fusion avec la Haute-Normandie, alors que la Haute-Normandie y était favorable. On laissa donc à Caen la possibilité de se développer en tant que capitale de région, tout en créant un problème d'identité, particulièrement pour la Haute-Normandie:

> Les trois autres régions à deux départements, l'Alsace, la Corse et le Nord, doivent leur situation à une originalité régionale affirmée que les découpages[45] administratifs n'ont pu ignorer, mais il n'y a rien de tel ici. Si une partie de la population se considère éventuellement comme normande, personne ne se dit 'haut-normand' et ce découpage régional est aussi artificiel que celui des départements de la couronne parisienne... La Haute-Normandie est donc le résultat d'un découpage administratif et fonctionnel: entièrement située à moins de 200 kilomètres de Paris, la région est la façade portuaire parisienne...
>   On ne peut pas dire qu'il y ait une réelle pression de l'opinion pour la réunification de la Normandie.
>   (Yves Guermont, *Géopolitique des régions françaises* de Yves Lacoste,
>   © Librairie Arthème Fayard, 1986)

45 'carve-ups'

Selon Patrick Kerr, la Haute-Normandie recherche toujours une solution à cette division régionale. Il en propose une:

> L'intérêt de tous les Normands, ce serait qu'il n'y ait qu'une seule Normandie. Le problème est de savoir où serait sa capitale. Est-ce que ce serait Rouen? Est-ce que ce serait Caen? Ou est-ce que ce serait six mois de l'année à Rouen, six mois de l'année à Caen? Pourquoi pas?

Une bonne solution de Normand? En tous cas, comme Rouen et Caen désirent toutes deux garder leur statut de capitale régionale, statut créateur de prestige et d'emplois, la division et le pragmatisme l'emportent pour le moment sur l'unité.

ACTIVITÉS

1. Traduisez en anglais l'extrait sur 'les problèmes de banlieues',
p. 55 (Prenez un quartier de tours..., gagner sa croûte)

2. Vous devez interroger un responsable de l'Office du Tourisme de
Rouen au sujet des croisières sur la Seine en provenance de la
Grande-Bretagne. Préparez cinq ou six questions que vous aimeriez
lui poser sur:

> • le point de départ et d'arrivée des croisières
> • l'intérêt de ces croisières pour des Britanniques/ pour
> des Français
> • le confort à bord des paquebots

D'après ce que vous connaissez sur la Normandie, imaginez ce que
pourraient être ses réponses à vos questions.

3. Résumez en quelques lignes les raisons:

> a) pour lesquelles les trois grandes villes normandes
> sont rivales.
> b) de la division de la Normandie en deux régions.

4. Vous devez écrire un article d'une centaine de mots sur la vie des
dockers au début du siècle. En vous aidant des renseignements sur
l'affaire Durand, composez cet article.

5. Regardez attentivement les commentaires de Martin Charpentier
et de Marie-Michèle Binet sur la ville de Caen puis décrivez en une
centaine de mots une grande ville que vous connaissez dans le pays
où vous habitez.

6 VOIES DE COMMUNICATION

La Normandie a la chance de posséder une voie de communication naturelle de première importance: la Seine. Depuis des siècles, ce fleuve a permis l'acheminement[1] des hommes et des marchandises.

Au 19ème siècle, avec l'avènement de nouveaux moyens de transport, l'automobile et le chemin de fer, il a fallu développer des infrastructures routières et ferroviaires. Elles ont permis à certaines régions normandes de sortir de leur isolement mais ce développement s'est fait de façon inégale et quelques zones sont restées enclavées[2]. Seules les villes et communes se trouvant sur de grands axes ont pu profiter de meilleures communications avec Paris. Etrangement, les liaisons entre villes et régions dans un axe nord-sud sont demeurées jusqu'à nos jours très limitées.

Toutefois, cette dernière décennie a été marquée par la modernisation des réseaux routiers et ferroviaires ainsi que la construction du plus grand pont du monde et d'un métrobus pour Rouen qui veut mériter, coûte que coûte[3], son titre de capitale normande.

LA SEINE, GRANDE VOIE NAVIGABLE.

Depuis des siècles, la Seine représente un atout important pour le développement économique de la région. Cependant, il a fallu investir de nombreux efforts humains et financiers pour la maîtriser et la rendre parfaitement navigable.

> • La Seine, longue de 776 kilomètres, est le deuxième fleuve navigué d'Europe après le Rhin (1298 kilomètres).
>
> • Elle est accessible de la mer jusqu'à Genevilliers à l'ouest de Paris aux bateaux fluviaux-maritimes d'une capacité de 3 000 tonnes.
>
> • Mais, c'est aussi le plus sinueux des fleuves français avec de nombreux méandres[4], en particulier entre Paris et Caudebec-en-Caux.

• L'aménagement[5] de la Seine

Depuis le milieu du 19ème siècle, conscients du potentiel économique que représente la Seine, les hommes vont aménager ce fleuve qui

1 movement, transport

2 isolated, cut-off

3 at all costs

4 loops (in a river)

5 development, 'harnessing'

jusqu'alors offrait des conditions de navigation difficiles et dangereuses.

De grands travaux sont effectués:

6 dykes
• la construction de digues[6],

7 dredging
• le dragage[7] du fond du fleuve pour éviter les bancs de

8 deposits, silting up
sable et les alluvions[8],

• la construction du canal de Tancarville,

9 lighthouses and buoys
• la mise en service de phares et de balises[9].

L'opération d'aménagement de la Basse-Seine **entre 1842 et 1985** a apporté des bénéfices énormes:

10 draught

• le tirant d'eau[10] des navires fréquentant l'estuaire a été multiplié par 4 et est passé de **2,50m à 11,25m.**

• la longueur des navires a été multipliée par 10 et est passée de **28m à 280m**

Source: *La Seine, mémoire d'un fleuve,* ouvrage collectif, 1994
• le tonnage transporté par navire a été multiplié par 72 et est passé de **1 000 à 72 500 tonnes.**

---

11 channel
Spectaculaire succès certes, mais il est toujours nécessaire de draguer la Seine pour entretenir le chenal[11] que doivent emprunter les gros bateaux.

• *Le transport fluvial*

12 with the current
Depuis des décennies, les péniches, appelées aussi aujourd'hui automoteurs, glissant au fil de l'eau[12] ou accostées[13] aux quais de la

13 tied up
Seine, font partie du paysage et de la vie des riverains[14].

14 riverside residents
Elles transportent des marchandises diverses, sables,

15 gravel
graviers[15], pétrole, charbon, céréales, automobiles, etc. Il n'est pas rare de voir passer un 'convoi poussé', c'est-à-dire un automoteur poussant une barge remplie de centaines de voitures, fabriquées aux usines Renault de Flins, à l'ouest de Paris, ou de Cléon, près de Rouen.

16 inland water-way transport
• *La batellerie[16], un métier en mutation*

Des hommes et des femmes vivent et travaillent quotidiennement sur ces péniches. Ils ont choisi un mode de vie qui fait rêver les citadins. Qu'est-ce qui les attire vers ce métier de marinier?

Pour la plupart des mariniers comme Jean-François Delabarre, vice-président de la Chambre nationale de la batellerie artisanale, c'est une profession qui se transmet de père en fils:

17 training on the job
Nous sommes mariniers depuis toujours; aussi, dès 16 ans, après mes études, j'ai suivi la formation de marinier sur le tas[17] avec mon père, car à cette époque il n'existait pas d'école de la batellerie. Puis j'ai fait

mon service militaire dans la Royale[18], comme il se doit[19], pendant deux ans et demi, et ensuite j'ai poursuivi mon métier au fil des voies navigables.

En 1975, lorsque j'ai acheté ce bateau de 850 tonnes, je vivais un rêve: sortir des bassins, celui de la Seine notamment, pour avoir accès aux pays limitrophes, la Belgique, les Pays-Bas, l'Allemagne et la Suisse et même certains pays de l'Est.

(*Paris-Normandie*, 6 mars 1994, 'Marinier, la vie au fil de l'eau')

- *Le déclin de la batellerie*

La batellerie en France traverse des années difficiles. Le port fluvial de Rouen n'est pas épargné puisque le trafic fluvial a connu une chute d'environ 40% entre 1970 et 1990.

A la différence d'autres pays qui modernisent leur flotte fluviale et aménagent les berges[20], la France a pris du retard. La flotte fluviale diminue régulièrement et des milliers de bateaux ont été mis à la casse[21]. Pourtant, toujours selon M. Delabarre:

Il suffirait de 5% supplémentaires du trafic global transporté en France pour redonner vie au métier de marinier. Il devient vital à court terme que le ministre des Transports prenne en compte les avantages du transport par voie d'eau, moins encombrant que le trafic routier avec son cortège d'accidents coûteux pour la Sécurité Sociale. Les voies d'eau sont moins polluantes que la route. Sans compter que beaucoup d'emplois pourraient être créés simplement par l'entretien des écluses[22] et des berges.

Ses voeux seront peut-être bientôt exaucés[23]! En effet, un premier congrès[24] international sur la valorisation des voies d'eau en France et en Europe, a eu lieu en avril 1994, sur la Seine, à bord du ferry 'Bretagne'[25].

18 French Navy
19 **naturally**

20 banks

21 scrapyard

22 locks

23 granted, answered
24 conference
25 belonging to *Brittany Ferries*

Le transport fluvial

Le transport fluvial représente en France moins de 4% des parts de marché, loin derrière la route (70%) et le chemin de fer (26%), à l'inverse des autres pays d'Europe du Nord. Aux Pays-Bas par exemple, plus de la moitié des marchandises est transportée par voie d'eau.

Normandie Magazine, No 116, mai 1994

A l'occasion de ce congrès, le président de la Chambre de commerce et d'industrie de Rouen, M. Jacques Mouchard a déclaré:

Il nous faut réveiller les liaisons fluviales, donner au fleuve toute sa dimension en termes de moyens de transport. C'est un moyen de transport économique, jusqu'à trente fois moins cher que ses concurrents ferroviaires et routiers.

(*Paris-Normandie*, 11 mars 1994)

D'UNE RIVE À L'AUTRE OU COMMENT TRAVERSER LA SEINE?

Descendre ou remonter la Seine est une chose, mais il faut aussi la traverser d'une rive à l'autre. Avant la construction des ponts, il existait un autre moyen pour passer d'une rive à l'autre, le bac[26].

26 ferry (cross-river)

• *Les bacs*

Les expressions locales, **'passer la Seine'**, **'prendre le bac'** sont utilisées communément le long du fleuve.

De petite ou plus grande taille, les bacs permettent la traversée des marchandises mais aussi des animaux, des riverains et des touristes.

Si la forme du bac a peu évolué, la façon dont il est propulsé a bien entendu changé. Depuis 1820, date à laquelle la vapeur a fait son apparition, les bacs se sont modernisés tout en gardant à peu près la même forme. Il a fallu attendre les années 1960 pour que le moteur diesel remplace la vapeur!

Certains bacs continuent à faire des passages fréquents comme:

- le bac de Duclair: 92 passages par jour
- le bac de la Bouille-Quillebeuf: 68 passages
- le bac de Jumièges: 32 passages.

Des réglements très stricts déterminent les conditions de passage, surtout en cas de mauvais temps, comme l'illustre cet extrait du cahier des charges[27] du passage du Trait (1978):

27 terms and conditions

28 the person hiring the ferry

29 will carry along

30 tidal bore

31 bad weather

32 floods

> Art. 3.10: Le fermier[28] ne pourra être contraint de passer lorsque l'intensité de la brume rendra la traversée dangereuse, ni lorsque la Seine charriera[29] des glaces ou matières quelconques suffisamment pour rendre le passage dangereux, ni lorsque le vent, les grandes eaux ou le mascaret[30], les intempéries[31], les courants seront assez considérables pour faire craindre les accidents et, en période de crue[32] lorsque le niveau de l'eau sera trop élevé pour permettre l'embarquement des passagers.
>
> (*La Seine, mémoire d'un fleuve*, op. cit.)

Ces bacs ont un intérêt évident pour les riverains mais ils s'avèrent insuffisants dans le cadre d'une économie moderne.

• *Les ponts*

Il a longtemps été difficile de concilier l'arrivée de grands voiliers et plus tard de gros navires dans le port de Rouen avec la construction d'un pont au-dessus de la Seine entre Le Havre et Rouen.

L'imagination n'a pas manqué à ceux qui cherchaient des moyens de traverser la Seine sans gêner le passage des navires. Sur une période de quatre-vingt-neuf ans, quinze projets différents avaient été étudiés avant-guerre: pont transbordeur[33], tunnel, viaduc... Souvent l'hostilité des Rouennais empêchait l'aboutissement de ces projets.

33 transporter

Enfin, dans les années 1950, la ville du Havre réussit à obtenir le feu vert pour la construction d'un pont routier à Tancarville.

• **le pont de Tancarville**

En 1954, la construction d'un pont-route commença à Tancarville, qui devint, du jour au lendemain, connu de toute la France.

Plus grand pont d'Europe au moment de sa construction, cette réalisation était une prouesse technique:

Caractéristiques du pont de Tancarville	
Dates de construction:	de 1954 à 1959
Longueur totale:	1 400 mètres
Tablier[34] central:	608 mètres
Type:	pont suspendu à cables paraboliques

34 central roadway

Ce pont est non seulement une réussite technique mais il permet aussi, pour la première fois, le **désenclavement du Havre** qui a longtemps souffert d'être mal relié à la Basse-Normandie. A partir de l'ouverture du pont de Tancarville, les liens entre le nord et le sud de la Normandie vont être facilités.

Pourtant, très vite, le pont de Tancarville ne suffit plus face à la croissance rapide du trafic routier et la nécessité d'un autre pont se fait sentir.

• **le pont de Brotonne**

Caractéristiques du pont de Brotonne	
Longueur totale:	1 270 mètres
Tablier central:	320 mètres

Quelque peu oublié et moins célèbre que son voisin, le pont de Brotonne, sera construit dix-huit ans plus tard entre Rouen et Yvetot. Il a aussi battu un record, puisque, au moment de sa construction, son tablier est le plus élevé du monde à 60 mètres au-dessus de la Seine.

• **le plus grand pont à haubans[35] du monde: le pont de Normandie**

35 stays, cables

Lors de son inauguration par le premier ministre de l'époque, Edouard Balladur, le 20 janvier 1995, les qualificatifs n'étaient pas assez nombreux pour s'émerveiller devant ce pont:

– un ouvrage d'art
– un magnifique ouvrage

– un pont de tous les records

36 i.e. like the   – une merveille du monde aux dimensions pharaoniques[36]
pyramids   – un monument high-tech, etc.

Charles Revet, président du Conseil général de la Seine-Maritime, le 20 janvier 1995, ajoute:

> Lorsque les hommes parviennent à conjuguer la grâce, l'élégance, l'audace et la technique à ce point, on ne peut qu'être admiratif et fier.

Certes, ses caractéristiques techniques sont impressionnantes:

Caractéristiques du pont de Normandie	
Longueur totale:	2 141 mètres (longueur des Champs-Elysées)
Largeur:	21 mètres
Tablier central:	856 mètres (record du monde!)
Hauteur des deux pylônes:	215 mètres (hauteur de la Tour Montparnasse – record du monde!)
184 haubans mesurant entre 95 et 450 mètres (record du monde)	

Les ingénieurs ont prévu la résistance aux tempêtes les plus violentes qui soufflent dans l'estuaire de la Seine et dont
37 gusts   certaines rafales[37] atteignent parfois 180 kilomètres/heure.

Le record du monde pour la longueur du tablier central sera bientôt dépassé par les Japonais qui construisent un pont semblable près d'Hiroshima et s'inspirent des techniques utilisées sur le pont de Normandie:

38 acclaimed,   Le pont de Normandie a été littéralement plébiscité[38] par les nombreux
approved by an   participants japonais à la conférence internationale des ponts
overwhelming   suspendus et à haubans, organisée en octobre 1994 à Deauville.
majority   Chaque diapositive présentant une innovation technique était
                      saluée par un crépitement de flashes. Sans doute les Japonais se
                      disaient-ils qu'ils arriveraient bien à tirer de cette masse d'informations
                      quelque enseignement pour la construction de leur futur record du
                      monde des ponts à haubans (890 mètres) à Tatara près d'Hiroshima.
39 patent   Mais comme aucun brevet[39] ne protège les ponts, autant accepter leur
                      'curiosité' comme un hommage!

> (*Le Havre Libre, Spécial Pont de Normandie, 1994*)

• le pont de Normandie, symbole du rapprochement des deux Normandie

Si longtemps espéré et attendu, le rapprochement entre la Haute et la Basse-Normandie se fera-t-il grâce au pont de Normandie? C'est ce que souhaite Mme Anne d'Ornano, présidente du Conseil général du Calvados, lors de l'inauguration du pont:

> Le pont de Normandie, forcément, nous rapproche. Nous étions les cousins de l'autre rive, nous voici les cousins d'à côté. Il n'y a pas de

profondes différences entre ceux qui vivent de ce côté-ci et ceux qui vivent de ce côté-là: il y a seulement quelques particularités qui, si nous le voulons bien, et si nous savons les maîtriser, ne peuvent qu'être enrichissantes pour les uns et pour les autres.

(Source: discours d'Anne D'Ornano lors de l'inauguration du Pont de Normandie - le 20 janvier 1995, *Le Havre Libre*)

Discours politiques qui traduisent un rapprochement encore peu ressenti[40] entre les deux régions normandes. Toutefois, la réalité est là: **Le Havre et Honfleur** se sont rapprochées et il n'est plus nécessaire de faire un détour de 50 kilomètres par le pont de Tancarville pour passer d'une ville à l'autre!

40 known, experienced

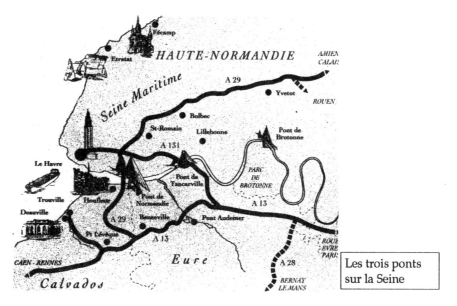

Les trois ponts sur la Seine

LE RÉSEAU ROUTIER

Avec l'essor de l'automobile au début du 20ème siècle, le réseau routier normand se développe rapidement: à la veille de la Première guerre mondiale, on comptait 50 000 kilomètres de routes en Normandie.

• *Un réseau routier inégal*

Avec l'accroissement du trafic des marchandises transportées par la route, puis des voitures particulières, il a été nécessaire de moderniser les routes déjà existantes, d'en tracer de nouvelles et de les entretenir. Ce développement ne s'est pas fait de façon égale:

> • Dans l'ensemble, les villes principales à l'exception de Cherbourg sont bien desservies par les routes nationales et l'**autoroute A13** qui relie Paris au Havre et à Caen, en passant par Rouen.
>
> • Certains coins de la Normandie restent encore isolés. Cette situation empêche leur essor économique et touristique.

A la différence de la Bretagne qui, dès la fin des années cinquante, s'est mobilisée pour développer un réseau routier moderne, la Normandie a réagi tardivement pour combler son retard.

• 'Investir pour l'avenir'

Ces dix dernières années, conscients de leurs handicaps dans le domaine des communications routières, les conseils régionaux, avec la participation de l'Etat, se sont enfin mobilisés: contournements urbains, aménagement de routes nationales à quatre voies, etc., sont devenus des priorités.

La Normandie s'est maintenant donné pour objectif de devenir 'le carrefour occidental de l'Europe' et pour cela, elle doit faire des efforts financiers considérables. La Basse-Normandie, par exemple, consacre 64% de ses investissements au programme routier. Une somme phénoménale!

• La 'route des Estuaires'

Parmi les réalisations en cours, le projet le plus spectaculaire est celui de la **'route des Estuaires'**:

41 provide with	Le projet de 'route des Estuaires' vise à doter[41] l'ouest de la France d'un axe autoroutier nord-sud. Il s'agit bien sûr d'offrir au transit routier,
42 unavoidable	de la Belgique à l'Espagne, une alternative à l'incontournable[42] région
43 to link up	parisienne. Mais, vu de l'Ouest, il s'agit avant tout de rallier[43] entre elles les métropoles de la façade maritime, de les doter d'un outil de développement économique.
	Calais, Abbeville, Le Havre, Caen, Rennes, Niort, Bordeaux et Bayonne constituent les principales étapes de cet axe structurant qui se
44 i.e. dual carriage-ways	composera soit d'autoroutes, soit de routes à deux fois deux voies[44].

(*Paris-Normandie*, 21 juin 1994)

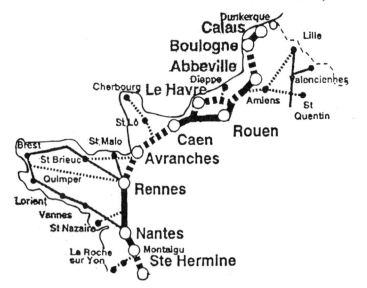

Le désenclavement routier de la Normandie devient peu à peu une réalité!

LE RÉSEAU FERROVIAIRE

Au début des années 1830, le chemin de fer entre dans une grande phase de développement et la Normandie occupe une place de premier rang dans ce développement.

• *Un début impressionnant*

> • Dès 1843, la ligne Paris-Rouen, première ligne entre Paris et la province, est inaugurée. Elle est suivie cinq ans plus tard par celle de Rouen-Le Havre.
>
> • La Basse-Normandie, suite à de nombreuses querelles locales et politiques, va seulement voir arriver le train à Caen en 1855.
>
> • En 1875, la ligne Caen-Flers-Laval est ouverte.
>
> • En 1913, les voies de chemin de fer dans la région s'étendent sur 4 000 kilomètres.

Parallèlement le matériel se modernise, les gares s'agrandissent, les centres de triage[45] s'améliorent, les usines de construction ferroviaire se développent comme celle de Sotteville-lès-Rouen, près de la capitale normande:

45 marshalling yards

> Au milieu du 19ème siècle, les industriels ont vite compris l'intérêt économique du train. En 1842, les Anglais Alcard et Buddicum vont choisir la banlieue de Rouen pour leurs gigantesques usines de construction ferroviaire: Petit-Quevilly tout d'abord, et Sotteville ensuite, en 1845.
>
> Sous l'impulsion de la société Buddicum qui emploie à elle seule près de mille ouvriers, l'expansion économique va multiplier par cinq le nombre d'habitants en cinquante ans, mais va surtout changer les rythmes de travail.
>
> Le besoin en main-d'oeuvre va entraîner l'arrivée massive d'ouvriers anglais (ils seront près de 10 000 en 1843, regroupés dans un camp) mais aussi de Bretons, les anciens marins se pliant mieux aux dures conditions de travail que les paysans normands.
>
> (*Paris-Normandie*, Sotteville-sur-rail, 150 ans d'histoire à toute vapeur, B. Boigney, 4 mars 1994)

• *Les voies ferroviaires actuelles*

Bien entendu, depuis la Seconde Guerre mondiale, de gros progrès ont été réalisés, en particulier sur les grands axes. Les villes se rapprochent de plus en plus de Paris:

- Caen est à une heure, cinquante minutes de Paris
- Rouen, à une heure, dix minutes
- Le Havre à une heure, cinquante-cinq minutes.

Cela explique pourquoi, quotidiennement, 3 000 Haut-Normands, dont 2 400 sur l'axe Paris-Le Havre, se rendent à Paris ou dans sa proche banlieue pour aller travailler.

Toutefois, d'autres lignes ont été quelque peu oubliées dans la modernisation, Rouen-Amiens par exemple. La Basse-Normandie, quant à elle, trouve qu'elle a aussi été un peu ignorée.

• Le T.G.V: le retard normand

Dans ce domaine, la Normandie a pris du retard. Cependant, les études et projets ne manquent pas. Pour rattacher le réseau ferroviaire normand au reste de la France et de l'Europe, des lignes nouvelles pour le T.G.V vont être construites et des lignes existantes vont être aménagées pour le passage de ce train.

UN RÊVE DEVENU RÉALITÉ: LE MÉTROBUS DE ROUEN

Devant les problèmes de circulation et les embouteillages aux heures de pointe, Rouen, comme de nombreuses autres villes françaises, Lille, Nantes, Grenoble notamment, s'est lancée dans un projet ambitieux: la construction d'un métrobus.

• Les tramways d'antan

La tradition des transports en commun à Rouen ne date pas d'hier et là encore, le rôle des Anglais est de première importance. On les retrouve dans le développement des tramways à Rouen.

En 1871, Palmer Harding fut chargé de construire un système de transport à voie ferrée à travers la ville. Neuf lignes de tramways sont alors créées, allant du centre de la ville vers les banlieues ouvrières.

Les 'trams', avec leurs fils aériens jugés laids, sont bientôt accusés d'entraver la circulation automobile. Ils disparaissent au début des années cinquante, remplacés par les autobus.

• Le métrobus

46 pickaxe   Le premier coup de pioche[46] est donné en novembre 1991 et la construction se termine en 1994:

Les caractéristiques du métrobus de Rouen
• Vingt-trois stations dont quatre enterrées
• 11,2 kilomètres de lignes desservant quatre communes
• Vingt-huit rames[47] pouvant transporter 250 personnes chacune
• Coût de la première tranche[48]: 2,5 milliards de francs environ

47 trains

48 phase

• Une architecture d'avant-garde

La conception architecturale du métro est remarquable. Son architecte, Yves Coulome, a voulu 'réconcilier les habitants avec leur ville'. Il a conçu des stations souterraines de style insolite:

La grande idée était de faire jouer la sensibilité. D'étonner sans toutefois choquer. C'est pourquoi les stations enterrées sont conçues comme une progression. Plus on descend, plus la technologie est perceptible. Après l'entrée simple et classique, l'alternance des deux pierres blanche et ocre dans les escaliers, le dernier stade devait s'inscrire dans la modernité. En bas, sur les quais, je voulais que les gens voyagent aussi vers le 21ème siècle.

(*Paris-Normandie*, 18 décembre 1994)

• *L'inauguration*

Avec un retard de trois mois au moins, dû principalement à des problèmes techniques, le métrobus a été inauguré le 17 décembre 1994. Pour une ville de la taille de Rouen, cette réalisation représente un exploit et ses habitants sont fiers de leur métro. Le jour de l'inauguration, ils viennent en masse 'l'essayer':

A l'aube du matin du premier métro, ils sacrifient leur grasse matinée pour 'essayer le métro'. Sur le quai de la station de l'Hôtel de ville, malgré le froid, l'ambiance est conviviale. Un peu étonnés, les premiers usagers essaient de comprendre les horaires, la billetterie[49] automatique.

A l'intérieur du wagon règne une légère atmosphère de fête. Sans se connaître, ils s'adressent la parole: '*On se croirait ailleurs, en vacances, ça fait drôle*' s'exprime une dame ravie. Tout le monde discute, du métro bien sûr. Soudain, quelqu'un s'exclame: '*On est déjà arrivé*'.

Guillaume, 19 ans, agent d'accueil, raconte que beaucoup de personnes s'inquiètent des nouveaux horaires des bus: '*Ils comparent le bus et le métro. Ils craignent parfois que l'insécurité s'installe dans les rames mais sont heureux d'y monter*'.

(*Paris-Normandie*, 18 décembre 1994)

49 ticket-machine

CONCLUSION

Dès l'avènement du chemin de fer ou de l'automobile, la Normandie s'est équipée d'un réseau de voies ferrées et de routes assez dense. Toutefois, il semble que les plus petites villes et les régions rurales reculées ainsi que la liaison entre le nord et le sud de la province aient été oubliées.

Par ailleurs, la proximité de Paris peut, une fois de plus, être considérée comme un handicap puisque la plupart des voies de communications partent de la capitale vers la province. Elle a aussi, malgré de nombreuses tentatives, empêché l'installation d'aéroports d'importance.

A l'aube du 21ème siècle, la situation s'annonce sous de meilleurs auspices[50]. D'énormes efforts ont été faits pour améliorer les voies de communications, ponts, routes et voies ferrées, ainsi que les transports en commun, métrobus de Rouen notamment, et aussi pour relier les deux parties de la Normandie longtemps séparées par la Seine.

50 is beginning to improve

ACTIVITÉS

1. Aux Pays-Bas, la moitié des marchandises est transportée par voie d'eau; en France, 4% environ. Faites une liste des avantages et des inconvénients de ce moyen de transport qui expliquent peut-être cette différence entre les Pays-Bas et la France.

2. Ecrivez un article d'une centaine de mots sur ce qu'était la vie de marinier sur la Seine au début du siècle.

3. On vous demande de faire un sondage au Havre et à Honfleur sur les réactions des habitants à la construction du pont de Normandie. Vous préparez une dizaine de questions sur:

- les avantages et les inconvénients pour les deux villes;
- les nouvelles relations entre la Basse et la Haute-Normandie, perspectives économiques et touristiques, conséquences pratiques pour les transports, etc.

Imaginez la réponse à vos questions d'un habitant du Havre et d'un habitant de Honfleur.

4. Traduisez en anglais le passage sur l'arrivée des chemins de fer en Normandie, p. 71 (Au milieu du 19ème siècle... les paysans normands).

5. Vous devez convaincre les Rouennais d'utiliser le métrobus plutôt que leur voiture individuelle. Rédigez en une centaine de mots les arguments que vous utiliserez pour une campagne de publicité.

7 PAYSAGES ET AGRICULTURE

La **vache normande** blanche et brune, toute tâchetée[1], paissant[2] à l'ombre des pommiers en fleurs devant une chaumière[3], voilà la première image qui vient à l'esprit quand on pense à la campagne normande. Cependant, la Normandie agricole est bien plus diverse que ce tableau de carte postale.

La Normandie possède un **climat océanique doux et humide.** Tout comme dans le sud-ouest de la Grande-Bretagne, les hivers y sont rarement très froids, les étés rarement très secs. Les brouillards, crachins[4] et brumes y sont très présents.

Les paysages sont dominés par le vert, couleur de l'herbe et des arbres:

Répartition des terres en 1993		
	Basse-Normandie	**Haute-Normandie**
Surface de la région	1 773 973 ha	1 233 370 ha
Surface en herbe	799 400 ha	283 550 ha
Surface boisée	192 945 ha	224 400 ha
Terres cultivées	610 737 ha	565 100 ha

Source: *Agreste, la statistique agricole*, Ministère de l'Agriculture et de la Pêche, 1993

Le climat est propice au développement de l'agriculture. La Normandie détient depuis des siècles une place d'excellence, tant dans les cultures que dans l'élevage.

Les paysages normands sont variés et déterminent les types d'agriculture dominants:

- la Haute-Normandie, à quelques exceptions près, est une **région de grandes cultures,** avec ici et là quelques noyaux[5] d'élevage, en particulier dans la vallée de la Seine.

- la Basse-Normandie détient une solide réputation dans **l'élevage,** qu'il s'agisse de l'élevage bovin, porcin ou chevalin.

L'organisation de l'espace agricole varie aussi selon les régions:

1 spotted
2 grazing
3 thatched cottage

4 drizzle

5 pockets, centres

	Basse-Normandie	Haute-Normandie
Surface cultivée moyenne (par exploitation)	28.6 ha	42.2 ha
Nombre d'exploitations	44 670	19 250
Nombre d'exploitations de 100 ha ou plus	4%	12%

Source: *Agreste, la statistique agricole*, Ministère de l'Agriculture et de la Pêche, 1993

LES PAYSAGES NORMANDS

La géographie a divisé la Normandie en petites régions, souvent appelées 'pays', qui ont préservé jusqu'à aujourd'hui leur caractère propre. On ne peut tous les passer en revue car ils sont trop nombreux; on se contentera donc de décrire les plus représentatifs en commençant par la Haute-Normandie:

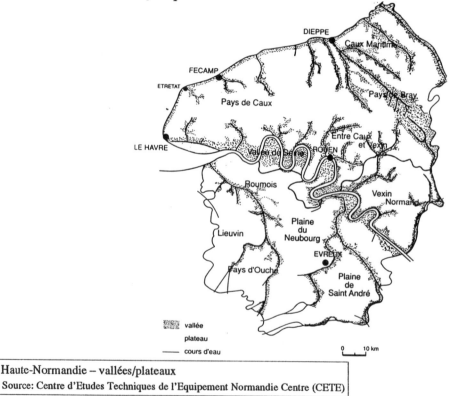

Haute-Normandie – vallées/plateaux
Source: Centre d'Etudes Techniques de l'Equipement Normandie Centre (CETE)

• *Le Pays de Caux ou Grand Caux*

Le Pays de Caux couvre une grande partie du département de la Seine-Maritime.

C'est un vaste et **haut plateau** crayeux à terre riche, coupé de vallées. Des falaises d'une centaine de mètres longent la mer et la Seine.

Dans les années quatre-vingts, 70% des paysans cauchois étaient encore des **fermiers** qui cultivaient des terres dont ils n'étaient pas propriétaires. Les propriétaires étaient en général des citadins habitant à Rouen, au Havre ou à Paris.

Traditionnellement, le paysan cauchois possédait une forte identité:

> Le Cauchois se contente mal de subsister. Il préfère bien vivre. Aux 'nourritures terrestres' vont toutes ses préférences. Il aime la richesse pour ce qu'elle procure: une place élevée dans la hiérarchie sociale qu'elle règle depuis le domestique méprisé jusqu'au propriétaire envié; le pouvoir de bien vivre, c'est-à-dire de bien boire, de bien manger au cours de repas interminables autant que plantureux des grandes réunions familiales du dimanche, c'est-à-dire aussi de bien marier ses filles dans une avalanche de trousseaux, de toilettes bien voyantes, de viandes bien saignantes et d'un flot de vins de Bourgogne...
>
> A la différence de l'homme du bocage, le Cauchois est un consommateur. Le fermage[6] explique en grande partie cette mentalité.
>
> Pendant très longtemps, jusqu'aux années 1920-30, les fermiers cauchois n'eurent aucun espoir d'accéder à la propriété. Cette idée ne les effleure[7] même pas. Dégagé du souci de capitaliser, le fermier cauchois goûte la vie dans la brièveté de sa durée. Il lui faut donc de bons repas, des voitures, des femmes...
>
> (A. Frémont, *L'élevage en Normandie*, Caen, 1967)

La **cour-masure**[8] était traditionnellement l'élément de base de l'habitat cauchois:

> Sans doute d'origine scandinave, la cour-masure est un rectangle de 400 à 500 mètres de côté.
>
> A l'intérieur, on trouve une cour où sont regroupés tous les bâtiments de la ferme, avec parfois une ou deux mares[9]. L'habitation principale y occupe une place centrale.
>
> La cour est entourée d'un talus artificiel de 2 mètres de hauteur environ, planté de grands arbres (chênes, frênes ou hêtres) qui permettent d'abriter la ferme du vent. En général, la cour-masure est isolée et entourée de grands 'champs ouverts'.

• *Les plateaux de l'Eure*

Le département de l'Eure, sur la rive gauche de la Seine, est dominé par des plateaux, souvent appelés **'plaines'** en Normandie qui constituent la partie occidentale du Bassin parisien. Ce paysage est dominé par d'énormes champs ouverts, *'les openfields'*. Evreux est le grand centre de ces pays.

André Siegfried décrivait au début du siècle ces paysages de l'Eure:

> J'ai fait à pied, comme soldat, la route de Saint-André de l'Eure à Lisieux [..]. Dans la région que l'on appelle la Plaine de Saint-André, d'immenses champs sans arbres, des sillons[10] rectilignes jusqu'à l'horizon lointain, la nudité vide et non sans grandeur d'une plaine

6 tenant farming

7 doesn't cross their mind

8 'masure' is a hovel: here, name of special type of housing

9 ponds

10 furrows

11 vast region
West and South
of Paris

plate et sans fin comme la mer, tout faisait penser à la Beauce[11]. Les soldats bas-normands, les Cauchois même ne reconnaissaient plus leur pays, ne se sentaient plus chez eux, se traînaient avec ennui sur ces routes monotones.

(*Tableau politique de la France de l'Ouest*, op. cit)

Les plateaux de l'Eure abritent les plus grandes exploitations normandes, d'une dimension qui peut aller jusqu'à deux cents hectares. Certains champs atteignent dix à vingt hectares dans la Plaine de Saint-André et permettent la culture des céréales, blé, orge[12], colza[13], et des plantes industrielles, lin, betterave à sucre, à l'aide d'une mécanisation intensive.

12 barley
13 rapeseed,
colza

• *Les pays d'herbage: le Pays d'Auge*

Les pays d'herbage, royaumes de l'élevage, ont traditionnellement été divisés en moyennes propriétés où vivaient des paysans aisés. 'Ils regardent pousser l'herbe verte' disait-on d'eux traditionnellement.

C'est de là que viennent les produits que l'on associe automatiquement avec la Normandie, beurre, crème, fromages, pommes.

Très tôt, ces produits ont été transformés et vendus, alors qu'ailleurs, en Bretagne par exemple, les paysans se contentaient de consommer leurs produits.

L'écrivain André Gide (1869-1951) effectua de multiples séjours dans le Pays d'Auge. Sa famille y possédait un domaine qu'il décrit dans *L'Immoraliste* (1902):

14 hills and valleys

15 coppices

16 pastures

17 cut with a
scythe

18 hollow, dip

19 trickling of
water

La Morinière, je vous l'ai dit, est située entre Lisieux et Pont-L'Evêque, dans le pays le plus ombreux, le plus mouillé que je connaisse. De multiples vallonnements[14], étroits et mollement courbés, aboutissent non loin de la très large vallée d'Auge, qui s'aplanit d'un coup jusqu'à la mer. Nul horizon; des bois taillis[15] pleins de mystère; quelques champs, mais des prés surtout, des pacages[16] aux molles pentes, dont l'herbe épaisse est deux fois l'an fauchée[17], où des pommiers nombreux, quand le soleil est bas, joignent leur ombre, où paissent de libres troupeaux; dans chaque creux[18], de l'eau, étang, mare ou rivière; on entend des ruissellements[19] continus.

• *Le Bocage normand*

20 embankment

Qu'est-ce que le bocage?

Les géographes définissent le bocage comme un paysage formé de petits champs de formes irrégulières, généralement de moins d'un hectare, clôturés de talus[20], d'arbres ou de haies.

Comme c'est un type de paysage qui se prête à l'élevage, les champs sont en général couverts d'herbe et souvent plantés de pommiers.

Le bocage a donné son nom à la partie de la Normandie que l'on appelle *le Bocage normand*.

Le Bocage normand représente les trois-cinquièmes de la Basse-Normandie et comprend de nombreux pays qui portent souvent le nom de la ville la plus importante du pays: le Pays Virois, Saint-Lois, le Coutançais, l'Avranchin, le Mortainais, Passais, Houlme et la Suisse Normande.

Dans le bocage, la vie n'est pas toujours facile. Les exploitations sont petites et les paysans ont dû faire preuve d'initiative pour rester à la terre, comme le développement de petites industries locales et, plus récemment, le tourisme à la ferme.

LE DÉVELOPPEMENT D'UNE TRADITION AGRICOLE FORTE

A travers les âges, la Normandie a connu une succession de périodes de prospérité pendant lesquelles son visage agricole actuel s'est peu à peu forgé.

Déjà, à l'aube de la Révolution Française, elle fournissait au royaume de France une variété de produits agricoles sur laquelle reposait sa réputation de province agricole riche.

L'évolution s'est poursuivie ainsi que la prospérité avec, pour base, l'industrie laitière mais aussi la production de viande bovine et porcine, les cultures céréalières et industrielles, lin, betteraves à sucre.

Toutefois, la Normandie a aussi traversé des périodes de désastre et de dépeuplement: tout au long du 19ème siècle, la Normandie rurale se dépeuple et le manque de main-d'oeuvre impose des choix aux paysans.

• *Le dépeuplement des campagnes*

Comment expliquer ce manque de main-d'oeuvre dans les campagnes? Les raisons généralement avancées sont les suivantes:

• une émigration continue vers les villes qui s'industrialisent;

• un taux de natalité bas comparé à d'autres régions françaises; dès la fin du 18ème siècle, le 'malthusianisme'[21] s'installe dans certaines parties de la campagne normande. Il semble que la **législation sur l'héritage** qui partage la terre entre tous les enfants d'une famille soit à l'origine de ce phénomène.

21 ideology in favour of birth control

• un taux de mortalité élevé, lié à **la tuberculose et à un taux d'alcoolisme très élevé** qui déciment en particulier les campagnes de l'Eure et de la Basse-Normandie. L'alcool fait partie de la vie quotidienne:

22 to give you an appetite

On boit avant le repas pour creuser l'appétit[22] et après le repas pour pousser le café: on boit pour faire une politesse et on boit pour la rendre; on boit pour faire des affaires et on boit parce qu'on n'a rien à faire.

(*Almanach de l'Orne*, 1906)

• La 'Normandie verte'

C'est au 19ème siècle que la '**Normandie verte**' va connaître son plein essor. Face au problème du manque de main-d'oeuvre pour labourer[23], semer[24] et exploiter les champs, le paysan normand, qu'il soit fermier du Pays de Caux ou bien propriétaire de son exploitation dans le Pays d'Auge, va transformer ses terres en herbages.

23 to plough
24 to sow

Aussi, à l'aube du 20ème siècle, la Normandie devient-elle **la première région d'élevage de France** approvisionnant les grandes villes normandes, Paris et même la capitale britannique, en viande, beurre et fromages, dont le célèbre camembert.

Les vaches laitières normandes seront vite classées parmi les meilleures productrices de lait dans le *Herd Book*. Elles font encore aujourd'hui l'orgueil du paysan normand:

Laitière: le pari gagné des Normands

Radicelle est une - très - bonne vache normande appartenant à Claudine et Michel Dupressoir, éleveurs de Saint-Croix-sur-Buchy, en Seine-Maritime, prix de la meilleure laitière de sa race, a fait l'objet d'un pari entre les éleveurs de Normandes et ceux de *Prim Holstein*[25], considérées comme spécialistes laitières.

25 cows of German origin

'On leur a lancé un défi afin qu'ils viennent nous présenter une Prim Holstein qui aurait donné plus de 100 000 litres de lait dans sa carrière. La nôtre, Radicelle, 13 ans, a produit 100 500 litres de lait, soit l'équivalent de onze camemberts par jour', souligne Adrien Retout, qui ajoute malicieusement[26]: *'Ils n'ont pas trouvé mieux!'*

26 gleefully

(*Paris-Normandie*, lundi 27 juin 1994)

• La modernisation des méthodes

Cette progression des herbages n'empêche pas les céréales de conserver une place prépondérante dans l'agriculture. Grâce à l'emploi d'engrais chimiques et de nouvelles machines, l'agriculture normande se modernise au début du 20ème siècle et s'ouvre petit à petit aux progrès du monde moderne, au développement des transports routiers et ferroviaires, ou encore à l'installation de l'électricité.

• La création des premiers syndicats agricoles et coopératives

Cette richesse cache pourtant des difficultés liées à la concurrence étrangère, aux impôts, à la spéculation sur les terres grâce à laquelle les grands propriétaires agrandissent leurs domaines, etc.

Face à ces difficultés, le paysan normand 'aux doigts crochus'[27], souvent méfiant, attaché à son clocher et à sa terre, va progressivement rechercher la solidarité de ses contemporains.

27 'with crooked fingers', i.e. tight-fisted

Vers la fin du 19ème siècle, les **syndicats agricoles** vont étendre leur influence dans la campagne normande et vont s'imposer grâce à des initiatives financières pour aider les paysans à acheter des semences[28], du matériel agricole en commun, etc. Toutefois, ce mouvement sera plus ou moins prononcé selon les régions.

28 seeds

Les **coopératives**, quant à elles, apparaissent d'abord dans le secteur laitier. Celle de Benoisville, dans la Manche, la toute première de la région, est créée en 1904.

DE 1945 AUX ANNÉES SOIXANTE-DIX: LES BELLES ANNÉES DE L'AGRICULTURE NORMANDE

• *La reconstruction d'après-guerre*

Après la Seconde Guerre mondiale, la reconstruction se fait rapidement et en une décennie, l'agriculture retrouve son niveau d'avant-guerre. Grâce aux dommages payés aux paysans, surtout en Basse-Normandie où les combats de juin 1944 ont fait tant de ravages, la reconstruction permet la modernisation des fermes, tout en gardant le cachet[29] normand, très admiré de nos jours par les touristes.

29 style, atmosphere

• *La naissance de l''Europe Verte'*

Ces années sont aussi marquées par un événement qui va changer profondément pour les décennies à venir toute l'agriculture française.

En 1957, **le Traité de Rome**, texte fondateur de la Communauté Economique Européenne, souligne la nécessité d'instaurer une politique agricole commune (la PAC). Elle a pour but de soutenir les prix, afin d'encourager les agriculteurs à augmenter leur production:

Article 39.
La politique agricole commune a pour but:

a) d'accroître la productivité de l'agriculture en développant le progrès technique, en assurant le développement rationnel de la production agricole ainsi qu'un emploi optimum des facteurs de production, notamment de la main-d'oeuvre,

b) d'assurer ainsi un niveau de vie équitable à la population agricole, notamment par le relèvement du revenu individuel de ceux qui travaillent dans l'agriculture,

c) de stabiliser les marchés,

d) de garantir la sécurité des approvisionnements[30],

30 supplies

e) d'assurer des prix raisonnables dans les livraisons aux consommateurs.[..]

Article 40.
[..] Il sera établi une organisation commune des marchés agricoles [..] comportant notamment des réglementations des prix, des subventions tant à la production qu'à la commercialisation des différents produits.

(Extrait du *Traité de Rome* du 25 mars 1957 instituant la Communauté Economique Européenne)

• *L'accroissement de la production*

L'objectif de la PAC à l'origine est donc d'augmenter la production agricole. Il sera poursuivi avec enthousiasme par les paysans normands:

> • Ils n'hésitent pas à accélérer la motorisation de leurs exploitations, même les plus petites: en dix ans, le nombre de tracteurs double presque.

> • Ils utilisent des engrais chimiques, l'insémination artificielle, la salle de traite[31], en bref, tout ce qui permet d'améliorer les rendements[32].

31 milking shed
32 yields

Quant au bilan, il est plus qu'honorable pour la Normandie puisqu'au début des années soixante-dix, elle produisait:

Pourcentage de la production normande par rapport à la production nationale
6% du blé
8% de la betterave à sucre
55% du lin
13% du lait
25% du beurre et des fromages
14% de la viande de boeuf

Source: *La Normandie de 1900 à nos jours*, sous la direction de Gabriel Désert, 1978

Mais, les problèmes s'annoncent: la PAC a un tel succès que l'Europe se trouve maintenant en situation de surproduction, en particulier dans le domaine laitier. La Communauté Européenne prépare de nouvelles mesures mais il s'agit cette fois de limiter et de contrôler la production agricole.

LES TENDANCES ACTUELLES DANS L'AGRICULTURE

Depuis les années soixante-dix, l'agriculture normande n'a pas connu de spectaculaires transformations. Elle a évolué progressivement pour faire face aux nouvelles mesures de limitation prises par Bruxelles et à la concurrence d'autres régions agricoles dynamiques et innovatrices comme la Bretagne.

Le paysan normand qui a appris depuis de nombreuses années à 'ne pas mettre tous ses oeufs dans le même panier', a redécouvert des activités jusque-là quelque peu délaissées et s'est lancé dans de nouvelles activités:

• *Quotas laitiers et diversification: exemple de la Basse-Normandie*

La Normandie a dû s'accommoder des contraintes de plus en plus lourdes imposées par Bruxelles en matière de quotas laitiers. En 1984, ces quotas ont imposé la limitation de la production laitière dans toute la Communauté afin d'essayer de réduire les excédents de lait[33].

    Face à ces exigences, il a fallu réagir. C'est ainsi que la Basse-Normandie a concentré ses efforts sur la diversification de ses productions, en particulier:

33 surpluses

> • **la viande bovine**: 10% de la viande bovine française, 3ème région française après les Pays de la Loire et la Bretagne.
>
> • **les volailles**: en 10 ans, les productions de volailles[34], de dindes notamment, ont presque doublé.

34 poultry

> • **les chevaux**: première région pour l'élevage des chevaux pur-sang[35], avec plus de la moitié de la production des pur-sang français.

35 thoroughbred

Une tradition qui n'est pas sur le point de disparaître, comme le souligne Hubert d'Aubigné, président du Conseil général de l'Orne:

> En matière de cheval, l'Orne constitue un département fabuleusement riche dans la région qui se trouve être la mieux dotée du continent européen.
>   Dans cette Basse-Normandie qui produit près de 70% des pur-sang et des trotteurs de course, les plus beaux chevaux de sport français, les plus forts chevaux de trait[36] (percherons) et une merveilleuse race d'attelage (cobs), l'élevage est présent dans presque tous les cantons de l'Orne.
>   Tous les 'métiers du cheval' sont développés sur le territoire de l'Orne, à un degré bien supérieur à la moyenne nationale: des métiers très souvent 'performants' et en pleine mutation.
>   (*L'Orne Magazine*, hiver 1992-93)

36 draught

• *L'expansion des cultures en Haute-Normandie*

En Haute-Normandie, les paysans n'ont pas attendu les quotas laitiers pour transformer leurs activités. Comme l'explique Jean-Pierre Fruit:

> Les contraintes imposées par l'élevage laitier ont été de moins en moins acceptées par les agriculteurs, alors même que l'agrandissement de la taille des exploitations permettait une meilleure rentabilité de l'élevage de la viande ou des cultures de vente.
>   ('L'évolution récente de l'agriculture', *Etudes Normandes*, No 1, 1991)

    Ils se sont tournés vers l'élevage des gros bovins pour leur viande et vers de nouvelles cultures, le lin par exemple.

• **le lin: le retour en force**

Culture relativement passée de mode, le lin a refait son apparition depuis que les couturiers ont retrouvé un grand intérêt pour cette plante traditionnelle:

La Seine-Maritime est le premier département français producteur de lin. Cette culture trouve dans le pays de Caux des conditions agro-climatiques idéales pour la qualité des fibres. Les lins teillés[37] par une dizaine d'entreprises locales sont ensuite exportés vers les filatures[38] du Nord et vers la Belgique.

37 **linen fibre** (stripped of bark)

38 **spinning mills**

Trois expositions prestigieuses ont eu lieu à Rouen en 1989, 1991 et 1993. Ces événements ont rapproché autour de 'la passion du lin' industriels, grands couturiers, jeunes créateurs, média, distributeurs et... consommateurs.

En 1993, 3000 personnes ont admiré les défilés des jeunes créateurs et de prêt-à-porter et 6000 personnes ont visité l'exposition sur le lin.

(*L'agriculture de la Seine-Maritime*, Chambre d'Agriculture de la Seine-Maritime, mai 1994)

• agriculture et énergie font bon ménage

De nouvelles transformations s'annoncent. Certaines céréales et cultures industrielles pourraient en effet être utilisées, non plus pour l'alimentation, mais comme source d'énergie:

Grâce à la collaboration de grandes compagnies pétrolières, de nouveaux produits énergétiques, appelés bio-carburants, ont été développés:

• **L'ETBE** (éthyl-tertio-butyl-éther) est un mélange de betteraves et de blé, qui peut être incorporé à l'essence. Il permet d'améliorer la combustion des carburants et donc de diminuer la pollution des moteurs.

• **Le diester** est un produit à base d'huile de colza, utilisable dans les moteurs diesel à la place du gazole.

39 **outlets**

40 **to start up**

Les débouchés[39] sont prometteurs. La Seine-Maritime est un département pilote pour la fabrication des bio-carburants. Deux projets importants ont démarré[40]:

• une unité de fabrication d'ETBE par le groupe pétrolier *Total* à la raffinerie de Normandie de Gonfreville-l'Orcher, près du Havre.

• une fabrication de diester à Grand-Couronne, près de Rouen. L'usine a été inaugurée en octobre 1995.

Source: L'agriculture de la Seine-Maritime, *Réalités et perspectives*, mai 1994

SURFACES EN COLZA DIESTER

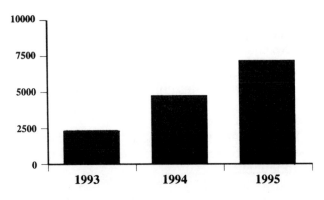

Ces nouveaux carburants vont permettre aux véhicules de rouler 'plus propre'. Déjà, 200 autobus à Rouen et des cars de ramassage scolaire fonctionnent avec 30% de diester dans le gazole, sans aucun changement sur le réglage[41] ou la nature des moteurs.

41 tuning

• *Bilan chiffré de l'agriculture normande en 1993*

Productions animales			
	Haute-Normandie	Basse-Normandie	Rang de la Normandie (deux régions)
Production laitière (hl)	8 340 000	26 983 300	2ème
Bovins (tonnes)	74 899	142 692	2ème
Porcins (tonnes)	22 605	64 434	3ème
Equidés[42] (tonnes)	142	1 342	3ème
Poulets (tonnes)	8 785	9 728	5ème

42 horses

Productions végétales			
	Haute-Normandie	Basse-Normandie	Rang de la Normandie (deux régions)
Blé (quintaux[43])	13 319 000	11 047 600	4ème
Orges	3 144 000	2 044 500	9ème
Colza	467 300	235 970	6ème
Pois protéagineux[44]	3 552 000	2 216 200	2ème
Betteraves à sucre	19 171 600	5 452 500	5ème
Lin	986 100	227 600	1er

43 one hundred kilos

44 pulses

Source: *Agreste, la Statistique Agricole*, Ministère de l'Agriculture et de la Pêche, 1993

QUELQUES INQUIÉTUDES POUR L'AVENIR

• *La faiblesse démographique*

Que ce soit en Haute ou en Basse-Normandie, la situation démographique dans les campagnes devient, selon certains experts, alarmante.

En Haute-Normandie, un agriculteur sur deux a plus de 55 ans et sa succession, dans de nombreux cas, n'est pas assurée. Entre 1988 et 1993, le nombre d'exploitations agricoles a baissé de 3,8% par an.

Cette situation est semblable pour la Basse-Normandie qui, elle aussi, se trouve confrontée au vieillissement de sa population agricole puisque 30% des chefs d'exploitations agricoles ont plus de 60 ans. Pourtant, elle compte encore deux fois plus d'actifs dans ce secteur que la moyenne française et cette baisse ne doit pas nécessairement être considérée comme un handicap: dans la Manche par exemple, le nombre de paysans sur des exploitations petites et peu rentables[45] est encore considéré comme trop élevé de nos jours pour leur garantir des revenus moyens.

45 economically viable

Pourcentage de la population active agricole de 1946 à 1990		
	Basse-Normandie	**Haute-Normandie**
1946	51.2%	26.9%
1962	40.1%	16.2%
1975	21.2%	7.4%
1982	18%	6%
1990	11%	4%

• *L'agrandissement des exploitations et endettement*

Les exploitations agricoles diminuent en nombre mais augmentent en surface. En 1993, celles de plus de 100 ha représentent 12% du total des exploitations en Haute-Normandie contre 4% en 1979. Même si elles restent peu nombreuses en Basse-Normandie, seulement 4% en 1993, leur nombre augmente au rythme rapide de 13% par an.

Ces mutations entraînent une amélioration de la productivité, mais elles obligent aussi les agriculteurs à s'endetter pour acheter des terres ou du matériel agricole adapté à de plus grandes exploitations.

Jean-Charles Digard, jeune agriculteur de 30 ans a repris une ferme d'une soixantaine d'hectares à ses parents sur les falaises de la Hague. Pour cela, il a emprunté 700 000 francs et doit rembourser 45 000 francs par an:

> Je me contente de peu. Il est vrai aussi que, célibataire, je n'ai pas de grands besoins. Si je devais nourrir une famille là-dessus, ce serait autrement difficile. Si c'était à refaire? Au fond, je n'en sais rien. C'est difficile à dire si je m'orienterais autrement. Je n'ai jamais connu autre chose que la terre. Ceci étant, il faut bien le reconnaître que ce n'est pas parfois ce dont je rêvais. Aujourd'hui nous sommes devenus des demandeurs de primes[46]. Si ce n'est pas l'aumône[47], ça y ressemble tout de même un peu. Et ce n'est vraiment pas ce que je voulais faire en devenant agriculteur.

46 subsidies

47 hand-outs, charity

(*Informations - Manche*, octobre 1993, No 19)

• *Le gel des terres*[48]

En 1993, l'Union européenne a introduit des mesures pour limiter de nouveau la production. Cette fois, les céréales sont elles aussi touchées et les agriculteurs sont obligés de 'geler' 15% de leurs surfaces céréalières.

Comme l'explique M. Jacques Selles, chef de service des affaires économiques de la Chambre d'agriculture de la Seine-Maritime:

> Sur cent hectares, un agriculteur doit mettre quinze hectares de terre en jachère[49] pour un type de production, par exemple, les céréales, le colza, les pois protéagineux. Il doit geler, c'est-à-dire mettre en jachère 15% de ces surfaces-là. Il ne doit pas les faire produire. Il doit simplement les entretenir[50] pour respecter les conditions d'environnement. C'est très réglementé, très contrôlé.

• *Les négociations du GATT*

En décembre 1993, la France, après des mois d'hésitation, a accepté finalement de signer les accords du GATT[51]. Ceux-ci visent à développer les échanges commerciaux dans le monde en abaissant les barrières protectionnistes (tarifs douaniers, quotas, etc.) et les subventions qui limitent la concurrence internationale. L'agriculture est l'un des secteurs visés[52].

La France est devenue le second pays exportateur de produits agricoles dans le monde après les Etats-Unis. Par l'intermédiaire des accords du GATT, les Etat-Unis, de plus en plus menacés par les agriculteurs européens sur divers marchés, veulent leur imposer une réduction des subventions accordées aux produits exportés. Les produits visés sont principalement les céréales et les produits laitiers.

Jacques de Malglaive, maire du Grais dans l'Orne et agriculteur à la retraite explique le sentiment des agriculteurs face à ces bouleversements:

> Ils ont le sentiment d'être abandonnés par la société française. De tout temps, leur mission a été de nourrir la nation et d'exporter. Maintenant, on leur dit: '*Vous produisez trop!*' Les agriculteurs sont des gens libres, assez individualistes, très attachés à l'esprit d'entreprise. De plus, ils se sentent les aménageurs du monde rural[53], les représentants d'une certaine qualité de vie et de culture qui risque de disparaître avec eux. La libre concurrence[54] ne leur fait pas peur, mais ils ont nettement l'impression que dans le domaine des marchés agricoles, ce sont les Américains qui font la loi.
>
> (*Conseil Général de l'Orne*, juillet-août 1992, No 25)

LE DÉFI DE L'AN 2000

Devant les exigences de la politique agricole commune et du GATT, l'agriculteur normand a dû évoluer. Il est devenu un producteur sensible aux tendances du marché et en même temps, un gestionnaire[55] qui dirige son exploitation comme un chef d'entreprise.

---

48 set aside, fallow

49 left fallow

50 maintain

51 General Agreement on Tariffs and Trade

52 targetted

53 protectors of the rural environment
54 free trade

55 manager

Le paysan normand continuera, certes, à cultiver des produits de masse comme les céréales pour nourrir les milliards d'habitants de la planète. Cependant, il devra de plus en plus
se spécialiser dans des produits 'haut de gamme'[56], comme le camembert au lait cru[57] qui se vend plus cher que le camembert pasteurisé, ou dans les services comme le tourisme vert, la vente directe et la protection de l'environnement.

Les deux régions normandes vont devoir s'adapter au marché car, comme le souligne M. Selles, 'demain, il faudra souvent vendre... avant même d'avoir produit'.

En bref, les temps ont changé: le paysan normand n'est plus - s'il l'a jamais été - quelqu'un qui regarde pousser l'herbe!

ACTIVITÉS

1. A partir des deux tableaux aux pp. 75-76 sur la répartition des terres et l'organisation de l'espace agricole, faites une liste des principales différences agricoles entre la Basse et la Haute-Normandie.

2. Traduisez en anglais le passage d'Armand Frémont sur le paysan cauchois, p. 71 (Le Cauchois se contente mal... des voitures, des femmes).

3. Pour obtenir des subventions européennes, vous écrivez un rapport d'une centaine de mots expliquant les avantages (économiques, écologiques) des bio-carburants.

4. Vous allez interroger un agriculteur normand qui s'est spécialisé dans la culture du lin. A l'aide du paragraphe 'le lin: le retour en force', préparez cinq ou six questions que vous aimeriez lui poser sur:

  • la mode actuelle du lin
  • les raisons du retour en force de cette culture
    – raisons économiques
    – raisons climatiques
    – surproduction dans d'autres domaines

Imaginez les réponses qu'il pourrait vous donner.

5. Un jeune ami voudrait reprendre une ferme sur les falaises de la Hague (voir l'expérience de Jean-Charles Digard, p. 86) et y faire de l'élevage laitier. Que lui conseilleriez-vous de faire?

8 PUISSANCE ET FAIBLESSES INDUSTRIELLES

Depuis des siècles, conjointement à son agriculture, la Normandie a développé son industrie, mais c'est vraiment au 18ème et au 19ème siècles que les industries, notamment le textile, ont pris leur essor.

Aujourd'hui, la Normandie se place parmi les plus riches régions industrielles de l'Hexagone: en 1993, elle réalisait **9% du chiffre d'affaires de l'économie française.**

Cette richesse apparente ne réussit pas à cacher:

- le **déséquilibre** entre la Haute et la Basse-Normandie. Grâce à son puissant complexe industriel dans la vallée de la Seine, la Haute-Normandie domine la Basse-Normandie.

- Les **difficultés économiques** de la région, touchée par la récession plus tardivement mais peut-être plus profondément que d'autres régions industrielles. Le taux de chômage y est fort élevé.

LE PAYSAGE INDUSTRIEL NORMAND

Si l'on examine de près le paysage industriel normand, on peut noter:

- *La concentration des grands groupes industriels*

En **Haute-Normandie, cinq secteurs d'activité** regroupent plus de la moitié des effectifs industriels. Ces salariés travaillent dans des entreprises de plus de 500 personnes:

1 **la construction automobile,** premier employeur régional, avec principalement Renault à Cléon (près de Rouen), Sandouville (près du Havre) et Alpine-Renault à Dieppe.

2 **les constructions électriques et électroniques** (Philips, GEC-Alsthom, Alcatel...), principalement à Rouen, Evreux, Le Havre, Dieppe et Le Tréport

3 **la fonderie et le travail des métaux** (fabrication de tubes d'acier, de produits en alliage[1] d'aluminium, moteurs de marine...) principalement à Rouen, Le Havre, la vallée de la Seine, Evreux.

1 **alloy**

4 **la construction mécanique** (machines, pompes, compresseurs...),
principalement à Rouen, Le Havre, la vallée de la Seine, Evreux.

5 **la chimie de base** (matières plastiques, engrais, pharmacie...) à
Rouen, Le Havre et tout le long de la vallée de la Seine.

**2 subsidiaries
and components
3 scattered**

En plus de ces géants de l'industrie, une multitude de
petites et moyennes industries se spécialisent principalement
dans la **sous-traitance**[2]. Elles sont éparpillées[3] ici et là dans
l'espace rural.

• *Une implantation plus diffuse en Basse-Normandie*

En **Basse-Normandie**, il est possible de localiser sur la carte **six
grands pôles d'implantations industrielles:**

**4 high-tech
5 electronic
banking**

**6 plastics
processing**

7 packaging

Zone géographique	Type d'industrie
• Caen	automobile, secteurs de pointe[4] (électronique et monétique[5])
• Nord Cotentin (Cherbourg)	construction navale et industries liées au nucléaire
• Alençon	plasturgie[6] et industrie électrique
• Saint-Lô	mécanique et agro-alimentaire
• Lisieux	conditionnement[7] de produits alimentaires, bois
• pôle Falaise - Vire - Flers - Argentan	mécanique, agro-alimentaire, automobile

LOCALISATIONS INDUSTRIELLES

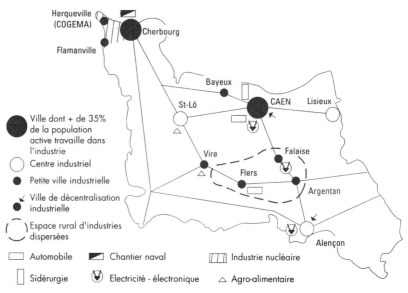

Région essentiellement agricole qui s'est spécialisée dans l'agro-alimentaire, la Basse-Normandie a du mal à prendre son élan industriel, malgré de nombreux efforts d'implantation d'entreprises de haute technologie, notamment la création du technopôle[8] de Caen.

8 science park

• *Une forte implantation nucléaire*

La Normandie se distingue d'autres régions françaises par la présence sur son territoire de trois centrales nucléaires, Flamanville, Paluel et Penly et d'une usine de retraitement de déchets nucléaires à La Hague.

Ces implantations nucléaires ainsi que les raffineries de pétrole et les industries chimiques de la vallée de la Seine font de la Normandie 'une région à haut risque technologique' et menacent l'équilibre écologique de la région.

UN RICHE PATRIMOINE INDUSTRIEL

La richesse industrielle de la Normandie ne s'est pas faite du jour au lendemain. Il a fallu des siècles de labeur et de savoir-faire pour mettre sur pied un tissu industriel d'une telle importance. Déjà au Moyen-Age, l'industrie du fer, du verre, du cuir[9], le textile et la poterie étaient florissants dans les petites vallées normandes où l'eau fournissait l'énergie nécessaire à ces industries.

9 leather

C'est cependant au 18ème et au 19ème siècles que l'industrie normande prend vraiment son essor. On passe de l'artisanat à des activités concentrées dans des fabriques[10] employant parfois des centaines d'ouvriers. Ainsi la Normandie entre-t-elle dans l'ère industrielle.

10 'usine' in modern French

• *L'apogée[11] de l'industrie textile*

11 golden age

L'industrie textile connaît ses heures de gloire au 19ème siècle dans l'Orne et le Calvados, mais surtout à Rouen et dans les petites vallées environnantes. La proximité de la Seine permet le transport des matières premières, en particulier du coton provenant d'Amérique.

Selon un témoin de l'époque, les usines textiles 'sortent de terre comme des morilles[12] au printemps'. Vers les années 1840, on en compte 300 en Haute-Normandie. La région se spécialise dans la fabrication de la toile de coton, notamment de l'"indienne"[13], et du fameux drap[14] de laine d'Elbeuf:

12 morels (mushrooms)

13 calico
14 cloth

> Les activités drapières d'Elbeuf remontent au 17ème siècle. Si, un temps, 'les maîtres drapiers' d'Elbeuf ont résisté aux draps anglais, c'est qu'ils avaient réussi à le produire à moindre prix. Et en gardant une belle qualité: le drap d'Elbeuf était le meilleur...
> Le coût social en était prohibitif. Il fallait utiliser une main-d'oeuvre qui ne coûtait pas cher; il fallait trouver des ouvriers pour se glisser sous les trames[15] des métiers[16]. Le travail des enfants,

15 frames
16 looms

dès huit ans parfois, devint une habitude. Autre habitude, les journées de douze heures, sept jours sur sept, les salaires de misère.

('Histoires d'un patrimoine', Roger Balavoine, *Paris-Normandie*, 18 mars 1994.

17 mills

Parfois, les ouvriers des filatures[17] se révoltent pour obtenir de meilleurs salaires ou des conditions de travail plus humaines. De nombreux témoignages ont été préservés, dont l'un relatant l'émeute du Houlme, près de Rouen, le 8 août 1825:

18 pitchforks
19 spits

La plupart des manifestants sont armés de bâtons, de fourches[18], de broches à rôtir[19], certains d'armes à feu. Aux sommations des forces de l'ordre répondent des jets de pierre: la charge, au sabre et à la baïonnette, est violente. Soudain, d'une fenêtre, part un coup de feu qui blesse mortellement un gendarme. Quatre cents hommes de troupe dépêchés par le préfet dispersent les manifestants et procèdent à une trentaine d'arrestations, tandis que le tocsin sonne à l'église paroissiale....

En septembre, le calme est revenu, Jules Roustel est condamné à la peine capitale pour le meurtre du gendarme et discrètement exécuté le 23 novembre. 'Un exemple de haute sévérité paraît indispensable dans l'intérêt de l'industrie comme pour le maintien de l'ordre public' déclare le préfet.

(*Fiche de suspect, août 1825*, Exposition sur l'industrie textile dans la vallée de Cailly, Musée Industriel de la Corderie Vallois, 1994)

• *L'influence des Britanniques*

Plaque de rue

La présence britannique devient prépondérante dans ce secteur dès la fin du 18ème siècle. Lors de l'exposition sur l'industrie textile dans la vallée de Cailly en 1994, l'influence britannique est spécialement mise en valeur:

20 foremen
21 for his own company
22 put down roots

Il n'est pas de filature de la vallée, entre 1797 et 1806, qui ne soit construite ou dirigée par un technicien d'outre-Manche: les Anglais John Newton Ford, John Hulse et William Lowry chez Rawle à Déville, John Costingin et Charles Smith à Maromme et à Notre-Dame-de-Bondeville; les contremaîtres[20] irlandais William Clark chez Pinel ou William McCabe chez Adeline, puis à son compte[21] au Houlme. Certains ne font que passer, d'autres font souche[22].

23 slates
24 adjoining, 'terraced'
25 outbuildings

La 'cité anglaise' construite en 1885 par les Etablissements Grafton (et récemment démolie) introduit un modèle typiquement britannique, avec ses façades en briques cuites au charbon et ses couvertures en ardoises[23] hérissées de cheminées: la cité comprend deux rangées parallèles d'une trentaine de maisons de deux niveaux, contiguës[24], ayant chacune jardin et dépendances[25] à l'arrière.

(Exposition sur l'industrie textile dans la vallée de Cailly, Musée Industriel de la Corderie Vallois, 1994)

• *Le déclin du textile*

26 obsolescence

A l'aube du 20ème siècle, l'industrie textile va connaître, dans son ensemble, une crise due principalement à un archaïsme[26] des structures, à la dispersion des entreprises et à un manque d'investissements.

La Basse-Normandie est particulièrement touchée et de nombreuses filatures ferment à Vire et à Falaise. C'est à cette époque que l'on parle de la 'désindustrialisation de la Basse-Normandie'. En dix ans, le nombre d'ouvriers textiles passe de 20 000 à 5 000 dans les trois départements bas-normands.

La Haute-Normandie résiste mieux mais se place désormais en 2ème position sur le plan national après le Nord-Pas-de-Calais, autre grande région textile.

La Normandie doit maintenant faire preuve d'imagination et d'esprit d'entreprise pour développer de nouvelles activités.

L'ESSOR DE L'AGRO-ALIMENTAIRE

La Normandie actuelle a derrière elle une longue tradition de transformation des produits de la terre et bénéficie d'un héritage riche en savoir-faire dans ce domaine.

● *La naissance de l'agro-alimentaire*

Au sortir du 19ème siècle, les paysans normands, spécialement dans le pays d'Auge, s'organisent pour ramasser le lait chez leurs voisins. Ils transforment leurs laiteries en véritables petites usines pour la fabrication du fromage, notamment du camembert. Les premières pierres de l'industrie agro-alimentaire sont posées.

Le même phénomène se développe en Haute-Normandie. Armand Frémont décrit ainsi la naissance de l'entreprise Gervais:

> Dans le pays de Bray, la maison Gervais naquit en 1850 de la rencontre de Mme Héroud, une fermière habile dans la fabrication des pâtes fraîches[27], et du commis[28] d'un mandataire[29] aux Halles[30] de Paris, Charles Gervais, lequel sut exploiter toutes les ressources du chemin de fer et de la publicité pour transformer le produit frais d'intérêt local en une denrée[31] de grande consommation sur le marché parisien, 'le petit suisse'[32].
>
> (*Les paysans normands*, A. Frémont, Flammarion, 1981)

27 soft cheese
28 employee, clerk, assistant
29 agent
30 food market
31 commodity, foodstuff
32 cylinder-shaped *fromage frais*

● *La diversification de l'agro-alimentaire*

Depuis vingt ans, le secteur agro-alimentaire connaît une croissance sans précédent. Ses activités se sont diversifiées:

- transformation du lait: yaourts, desserts lactés[33]
- conserves et surgelés de légumes, de viande ou de poisson
- élaboration de plats cuisinés[34], plats allégés[35]
- boulangerie, pâtisserie, biscuiterie

33 milk-based

34 ready-cooked meals, convenience-foods
35 low fat dishes

Les industriels de l'agro-alimentaire doivent investir et diversifier leur gamme de produits pour répondre aux changements de goûts de la clientèle. C'est ce qu'explique Jean de Mondésir, président-directeur général de la Société Sovico, *Société des Viandes du Cotentin*, créée en 1962:

36 summer
range

Notre *gamme été*[36] va bientôt être présentée, et le public y découvrira certaines créations intéressantes. Eh oui, nous travaillons comme les grands couturiers! Deux fois par an, nous présentons nos collections. Celle de l'été 1993, en magasin jusqu'à la fin septembre, comprend par exemple une saucisse sans colorant[37], une gamme de poivrons farcis[38], une véritable saucisse de Toulouse disposant d'un pourcentage de matière grasse limité, sans oublier naturellement tous nos autres produits habituels. Le renouvellement de la gamme est une des lois du marché d'aujourd'hui.

37 colour
additive

38 stuffed
peppers

(*Magazine du Conseil Régional de Basse-Normandie*, avril 1993)

• *L'agro-alimentaire en chiffres*

Le secteur agro-alimentaire (1992)		
	Basse-Normandie	Haute-Normandie
Nombre d'établissements	177	158
Effectifs	16 102	9 336
Chiffre d'affaires (en millions de francs)	29 881	13 500
Investissements (en millions de francs)	786	672

Source: *Bulletin de statistiques agricoles* – Normandie 1993-94

LA PÉTRO-CHIMIE DANS LA VALLÉE DE LA SEINE

• *L'industrie pétrolière*

Au 19ème siècle, la Haute-Normandie s'intéresse très vite au pétrole et en 1870, une petite raffinerie, la Luciline, va s'établir dans la région de Rouen. Les années 1930 verront le grand développement des raffineries modernes, puis dans les années 1950, des industries dérivées du pétrole vont s'y installer.

'Voie royale pour le transport des matières premières', la Seine et sa vallée vont attirer plusieurs grands groupes pétroliers. C'est ainsi qu'en remontant la Seine, on y trouve aujourd'hui **quatre raffineries**:

> • **Shell** à Petit-Couronne, près de Rouen, implantée en 1929, se spécialise dans la production d'huiles à forte valeur ajoutée.
> • **Esso** à Port-Jérôme à quelques kilomètres du Havre, implantée en 1933.
> • **Mobil** à Notre-Dame-de-Gravenchon, construite en 1935, spécialisée dans les lubrifiants[39].
> • **Total** à Gonfreville-l'Orcher tout près du Havre, construite en 1933.

39 lubricating
oils

Ces raffineries font partie du paysage quotidien de milliers d'ouvriers qui habitent très souvent dans de petites cités construites à proximité.

Avec près de 37% de la capacité française de raffinage en 1993, ce qui la place au premier rang pour le pétrole brut[40] traité, la Basse-Seine est, avec Marseille-Berre dans le sud de la France, **'la grande porte d'entrée du pétrole en France'**.

40 crude oil

Son implantation dans la région joue un rôle moteur essentiel pour le reste des activités industrielles. En 1992, on estimait que 15 000 emplois directs et indirects étaient générés par le pétrole pour les seules zones du Havre et Gravenchon.

Aussi les crises pétrolières de 1974 et 1979 ont-elles eu des retombées[41] nombreuses sur l'économie de la région.

41 consequences, fall-out effects

• *L'industrie chimique*

Son existence dans la région remonte au 18ème siècle. C'est au début du 19ème siècle qu'un Normand invente un procédé pour fabriquer de l'acide sulfurique.

Le docteur Lépecq de la Clôture décrit les effets de l'industrie chimique sur un quartier de Rouen vers la fin du 18ème:

> On y voit une Manufacture d'Huile de Vitriol dont le voisinage a beaucoup effrayé les Citoyens... Nous n'avons rencontré personne dont la santé en ait souffert quelque altération. Mais il faut convenir que lorsque les exhalaisons sulfuriques s'évaporent et sont portées par le vent sur quelque maison voisine, tous ceux qui l'habitent sont saisis de suffocation.
>
> (*Histoire de Rouen*, direction Michel Mollat, Privat, 1979)

Après la Première Guerre mondiale, la construction d'usines importantes comme celle de Saint-Gobain en 1920 va permettre la fabrication d'engrais[42] chimiques à base de phosphates. Ces engrais deviennent une spécialité de la région et la Normandie est aujourd'hui le **premier producteur d'engrais** en France avec 20% de la production nationale.

42 fertilizers

Toutefois, la baisse de la consommation d'engrais dans l'agriculture fragilise ce secteur. Depuis quelques années, et surtout depuis la réforme de la PAC en 1992, les agriculteurs ont réduit d'environ 30% leur consommation d'engrais.

La fabrication de détergents, lubrifiants, matières plastiques (50% de la production française), produits de base pour la pharmacie, etc., exige des capitaux considérables. Ils proviennent souvent de l'étranger, ce qui rend la Normandie dépendante de grandes sociétés qu'elle contrôle peu.

• *L'industrie des produits de beauté*

Hermès, Yves Saint-Laurent, Van Cleef and Arpel, Weil, etc., des noms qui font rêver mais qui représentent aussi une activité dérivée de l'industrie chimique, allant de la recherche au conditionnement des produits cosmétiques.

Cette industrie est particulièrement importante pour la

France et la Haute-Normandie est l'une des régions les plus dynamiques de ce secteur.

43 suppliers

Son développement industriel s'appuie sur la chimie d'une part, avec de nombreux fournisseurs[43], et sur la présence des verreries de la vallée de la Bresle d'autre part. Ces verreries concentrent 80% de la production mondiale de flacons de parfum.

Forte de cet environnement, la filière cosmétique haut-normande représente **près de 10 000 emplois**: un tiers dans la fabrication de produits cosmétiques, la moitié dans la verrerie et le reste dans les autres produits de conditionnement.

L'ÉNERGIE NUCLÉAIRE

Depuis le siècle dernier, le développement industriel de la Normandie a pu s'appuyer sur la production d'énergie, la vapeur d'abord, puis l'électricité. Dès la fin du 18ème siècle, les houilles[44] britanniques, en particulier l'anthracite du Pays de Galles, étaient acheminés vers les centres industriels.

44 coal

45 oil fired

Des centrales thermiques au charbon et au fuel[45], produisent encore de l'électricité. Des centrales nucléaires s'y sont ajoutées plus récemment.

46 processing of nuclear waste

• *La Hague et le retraitement des déchets nucléaires*[46]

L'usine de la Hague a été la première implantation du nucléaire en Normandie. Elle est située à la pointe du Cotentin et ne produit pas d'énergie. Son rôle est de retraiter les déchets nucléaires, provenant de centrales nucléaires françaises et même étrangères:

La Hague	
1961:	décision du Commissariat à l'énergie atomique (CEA) de construire La Hague.
1964:	UP2, la première unité d'exploitation est mise en route.
1988-90:	construction d'une seconde unité (UP3), en remplacement de la première.

Cette implantation a bien entendu engendré un nombre important d'emplois à court terme pour la construction (3 000 emplois pour la 2ème unité), mais aussi à long terme pour l'entretien et le fonctionnement de l'usine.

Mais à quel prix? La pointe du Cotentin, depuis une trentaine d'années, est devenue 'la poubelle du monde entier'.

• *Les trois centrales nucléaires normandes*

En 1992, La Normandie a produit 61 milliards de kilowattheure d'électricité, soit 14% de la production nationale, grâce à ses centrales nucléaires de Flamanville, Penly et Paluel:

Flamanville:

– Localisation: à vingt kilomètres au sud de la Hague
– Date de mise en service: 1985
– Puissance: 1 300 mégawatts x 2
– Seize milliards de kWh, dont six consommés en Basse-Normandie

Penly:
– Localisation: entre Dieppe et Le Tréport
– Date de mise en service: 1983
– Puissance: 1 300 mW x 2. Construction d'une troisième tranche[47] en 1993, mise en service 2002.
– Vingt-quatre milliards de kWh.

Paluel:
– Localisation: entre Fécamp et Dieppe
– Date de mise en service: 1986
– 2ème site électronucléaire français.
– Puissance: 5 300 mW.
– Trente-cinq milliards de kWh en 1991, soit 8% des besoins nationaux.

47 phase

Source: *Le guide économique de la Normandie*, 1994

• *L'opposition écologique*

Une différence d'attitude est à noter entre les comportements anti-nucléaires en Basse et en Haute-Normandie:

• en Basse-Normandie
Dès l'annonce de la construction de Flamanville et d'UP3, les anti-nucléaires manifestent, parfois violemment, leurs inquiétudes et leur colère: le 30 juin 1982, un poteau[48] électrique soutenant une ligne de 90 000 volts alimentant l'usine atomique, est plastiqué[49] près de la Hague. L'arrivée de navires transportant des déchets nucléaires conduit à des affrontements avec la police.

48 pylon
49 blown up

Cependant, ces manifestations n'ont pas empêché le gouvernement socialiste dans les année quatre-vingts de poursuivre la politique nucléaire mise en oeuvre par ses prédécesseurs.

• en Haute-Normandie
La construction des centrales de Penly et de Paluel n'a éveillé que très peu d'opposition, voire aucune, de la part des habitants des localités environnantes.

La région de Dieppe était et est encore fortement touchée par le chômage. L'implantation des centrales nucléaires donnaient à la population locale l'espoir de voir des créations d'emplois importantes.

Comme il l'expliquait lors d'un entretien en février 1995, le maire de Dieppe, M. Cuvilliez était lui-même partisan de ces constructions:

Il y a eu six mille emplois lors de la construction de Paluel. La moitié était des recrutements locaux. L'E.D.F[50], grande entreprise nationalisée

50 *Electricité de France*

qui joue un rôle structurant dans l'économie française, s'était engagée à aider à la reconstitution des emplois qui se seraient interrompus une fois les chantiers terminés.

Nous savions que la venue de l'E.D.F à Penly aurait le même effet, donc nous l'avons souhaitée. Et de fait, aujourd'hui à Paluel, il y a mille emplois dans la centrale elle-même, dont 20 à 25% d'emplois locaux et six cents à Penly, dont un tiers d'emplois locaux.

Et il y a aussi le double de ces emplois générés par la maintenance. Sans ces deux pôles d'activité, on aurait un chômage épouvantable.

C'est sous l'aspect économique et de l'emploi que j'ai appelé de mes voeux la construction de ces centrales.

LES RISQUES TECHNOLOGIQUES

Dans une région fortement industrialisée où l'on compte quatre centrales nucléaires et un nombre important de raffineries de pétrole et d'industries chimiques, il est logique de s'inquiéter des effets de la pollution sur l'environnement. Les inquiétudes sont nombreuses et concernent:

51 **water tables**

• **L'eau:** les cours d'eau sont menacés par les rejets comme l'azote et les nitrates. Il est reconnu que les nappes phréatiques[51] se dégradent rapidement. Cette forme de pollution est liée à l'agriculture.

52 **foul-smelling**

• **L'air:** les habitants de la région sont souvent soumis à des émissions atmosphériques nauséabondes[52], voire nocives pour leur santé.

• **Le nucléaire:** même si les responsables de l'E.D.F et les autorités insistent sur le fait que les centrales ne font courir aucun risque à la population ou au personnel, le danger d'un incident est toujours présent.

La centrale de Penly en a fait l'expérience en juin 1994 quand trente membres du personnel ont été contaminés par de l'iode 131, un produit radioactif. Heureusement, ils n'ont reçu qu'une dose très faible, qui, selon les médecins, ne nuira pas à leur santé. La direction a très vite déclaré:

53 **threshold**

Ne mettant pas en cause la sûreté des installations, cet incident ne sera pas classé sur l'échelle de gravité. De même, les doses reçues sont très inférieures au seuil[53] à partir duquel il nous faudrait déclarer des accidents de travail.

(*Paris-Normandie*, 14 juin 1994)

54 European classification following a serious accident in a chemical firm in Seveso (Italy)

Toutefois, ce type de contamination montre que la région est à la merci d'un accident plus grave et des mesures de prévention et de protection des populations ont été prises. Quarante-huit sites en Haute-Normandie et cinq en Basse-Normandie sont classés *Seveso*[54], c'est-à-dire sites présentant des risques industriels majeurs.

Les risques industriels majeurs

▲ Etablissements concernés par la Prévention des Risques Technologiques
● Centrales électronucléaires

Source: Préfecture de la Région Haute-Normandie – 1991

LA NORMANDIE FACE À LA CRISE ÉCONOMIQUE

Depuis le milieu des années 1970, la crise économique s'est progressivement installée en Normandie, touchant certains secteurs industriels plus sévèrement que d'autres.

• *Les secteurs en crise*

De nombreux secteurs traditionnels connaissent aujourd'hui de très graves difficultés ou sont en déclin:

- la construction et réparation navale
- la sidérurgie et la métallurgie
- l'industrie textile et l'habillement
- la construction électrique
- le bâtiment et les travaux publics

Un exemple parmi d'autres qui a fortement touché la Basse-Normandie: le 5 novembre 1993, la SMN (Société Métallurgique de Normandie) qui, au plus fort de son activité, employait 6 000 personnes, ferme définitivement ses portes à Caen. Témoignage d'un ancien employé de la SMN, Jacky Monard, 40 ans:

Après vingt-deux ans de maison, j'ai reçu ma lettre de licenciement, le 25 janvier. Lorsqu'on y travaillait, on traduisait le sigle SMN par 'Société des Mal-Nourris'. Je me rends compte que c'était pas si mal que ça. Même si je conserve mon salaire pour deux ans, on ne peut pas être optimiste. Les politiques parlent beaucoup, mais côté résultats, c'est toujours au point mort[55].

(*Le Point*, 5 mars 1994)

D'autres secteurs, comme l'industrie automobile, la chimie de base, l'industrie du papier, traversent une période de reconversion profonde. L'automatisation et la robotisation, entraînent automatiquement des suppressions d'emploi.

• *La situation de l'emploi industriel*

Des études récentes montrent la prépondérance du secteur industriel en Haute-Normandie: il occupe 30% de la population active en Haute-Normandie contre 24% en Basse-Normandie, pour une moyenne française d'environ 22%.

D'autre part, cette région abrite des grands noms d'entreprises nationales et internationales: Renault, Saint-Gobain, Alcatel, Glaxo France, Moulinex, Philips, Nestlé, etc... dont quatre-vingts de plus de cinq cents salariés.

Au premier janvier 1992, les plus grands secteurs d'activité industrielle se partageaient les effectifs de la manière suivante:

construction automobile	35 000
industries agro-alimentaires	30 000
caoutchouc-plastique	14 000
chimie de base	12 000
parachimie	11 000
papier-carton	8 000 .
énergie	6 000
verre	6 000

Source: *Le guide économique de la Normandie*, 1994, chiffres arrondis

• *Le chômage*

A côté d'une apparente richesse industrielle cohabite, en Haute-Normandie, la pauvreté d'une part de la population touchée par le chômage:

> • Avec un taux de chômage de 13.3% en juin 1995, la Haute-Normandie est l'une des régions françaises les plus atteintes par le chômage; la moyenne nationale est de 11.5%;
> • Les jeunes et les femmes en sont les premières victimes.

Dans un rapport publié par le Conseil régional de la Haute-Normandie (1991), on peut lire:

La Haute-Normandie se place au 3ème rang national pour le nombre d'habitants qui disposent du RMI (revenu minimum d'insertion)[56]. Cette pauvreté est particulièrement accentuée en Seine-Maritime où le taux de 'RMIistes' est de 15.2% contre 7.7% dans l'Eure.

56 on income support

La situation est certes moins dramatique en Basse-Normandie, région moins touchée par le chômage puisqu'il s'élève à 10.4% en juin 1995, ce qui est inférieur à la moyenne nationale.

Cependant, elle a connu elle aussi des catastrophes en matière d'emplois: en novembre 1993, Caen a été témoin de la fermeture des derniers hauts-fourneaux[57] de la *Société métallurgique de Normandie*, avec une suppression de 1 400 emplois. Ainsi les activités traditionnelles disparaissent-elles peu à peu là aussi.

57 blast furnace

• *Les mouvements sociaux*

Il y a plus d'un siècle, quand les ouvriers normands manifestaient, ils réclamaient de meilleures conditions de travail ou des salaires plus élevés.

Aujourd'hui, ils défilent dans les rues pour revendiquer leur droit au travail. Ils créent des *collectifs pour l'emploi*, des *associations de demandeurs d'emploi*.

Ainsi à Elbeuf, le 4 mars 1994, le collectif pour l'emploi a manifesté pour exprimer 'son ras-le-bol de la spirale infernale du licenciement-chômage, de la pauvreté et de la misère' (*Paris-Normandie*, 4 mars 1994).

CONCLUSION

La richesse industrielle de la Normandie se concentre dans certains secteurs d'activité et bassins d'emploi. Grâce à la présence de 'géants industriels' et à un réseau de petites et moyennes industries, la Normandie s'est imposée aux meilleures places dans le palmarès national. Pourtant ces dernières années, elle souffre d'un fléau[58] qui ralentit ses performances économiques et qui détruit la stabilité de son tissu social, le chômage.

58 plague, scourge

Un nouveau siècle pointe à l'horizon et la Normandie s'y prépare:

• Certaines industries traditionnelles révolutionnent leurs méthodes de production (laser, robotisation, informatisation).

• De nouvelles industries de haute technologie font leur apparition, comme la fabrication de cartes à puce[59] par Philips à Caen.

59 smart cards

• De nouveaux centres de recherche ouvrent leurs portes. Caen est devenue la capitale de la recherche en monétique et en courrier électronique[60].

60 electronic mail

Malheureusement, ces nouvelles industries qui exigent un personnel hautement qualifié n'ont pas les mêmes capacités d'emploi que les industries traditionnelles!

ACTIVITÉS

1. Lisez attentivement le paragraphe 'l'apogée de l'industrie textile' et écrivez un article d'une centaine de mots sur la vie d'un ouvrier travaillant dans une filature normande au 19ème siècle.

2. Traduisez en anglais l'interview de M. Jean de Mondésir sur ses produits alimentaires, p. 94 (Notre gamme d'été... lois du marché aujourd'hui).

3. La construction de centrales nucléaires en Haute-Normandie a entraîné peu d'opposition. Imaginez un débat public avant la construction des centrales et préparez-vous à jouer l'un des rôles suivants:

- le maire de Dieppe (il donne son opinion pages 97-98)
- un militant de *Greenpeace*
- un ouvrier qui vient de perdre son travail dans l'industrie métallurgique
- une mère de famille de trois enfants

4. Le gouvernement aimerait qu'un centre de recherche en monétique quitte Paris pour s'installer à Caen. Le Service du personnel a été chargé de faire une enquête sur:

- la réaction du personnel parisien
- l'accueil que recevrait ce laboratoire à Caen.

Vous préparez une dizaine de questions que vous aimeriez poser au personnel sur les avantages et désavantages qu'une telle décision aurait sur leur vie quotidienne.

Vous préparez ensuite les questions que vous poserez lors de votre rencontre avec le maire de Caen.

Imaginez ce que seraient les conclusions de ces deux enquêtes et rédigez un rapport à remettre au gouvernement en faveur ou à l'encontre de ce projet.

5. Vous devez préparer un congrès sur le thème 'Les nouveaux emplois industriels en Normandie à l'horizon de l'an 2000'.

Faites une liste de cinq thèmes que vous aimeriez voir développer lors de ce congrès.

9 UNE VOCATION MARITIME

Du fait de sa réputation de riche province agricole tournée vers l'intérieur, on a souvent tendance à oublier que la Normandie connaît aussi, depuis des siècles, une longue histoire d'amour avec la mer. La côte normande présente des paysages variés:

• **Le long du littoral du Pays de Caux,** on trouve des falaises de craie blanche de 40 à 100 mètres de hauteur. Ces falaises rappellent le littoral du Kent et 'les falaises blanches de Douvres'.

Le site le plus connu de la région est sans aucun doute Etretat, souvent célébré pour la beauté de ses falaises. Ainsi, le géographe français, Onésime Reclus, décrivait les falaises d'Etretat comme *'les plus beaux et les plus fiers monuments de l'architecture de la mer'*.

1 shingle
2 small valleys
cut in a cliff and
leading to the sea

Cette partie de la côte normande possède vingt-cinq kilomètres de plages de galets[1]. Elle est coupée ici et là de valleuses[2], avec des ports et des villages de vacances.

• Au sud de la Seine, **les plages du Calvados et de la Manche** sont celles que l'on associe à la Normandie touristique:

– grandes plages de sable fin où se sont développées très tôt des stations balnéaires à la mode, comme Deauville et Trouville. Pour beaucoup, ces plages normandes évoquent bien sûr le débarquement de juin 1944.

– Les plages du Cotentin ont aussi permis le développement de stations balnéaires très connues comme Granville et Jullouville.

3 gorse bushes

• Enfin, **la pointe du Cotentin** ressemble à la Bretagne avec sa roche granitique. Les granits les plus anciens se trouvent au Cap de La Hague. C'est 'un monde à part', couvert de landes, avec des bruyères et des ajoncs[3], battues par les vents. Les falaises, notamment celles du Nez de Jobourg, y sont parmi les plus hautes d'Europe.

PREMIERE PARTIE: UN PASSÉ MARITIME RICHE

L'ÉPOQUE DES GRANDES DÉCOUVERTES

• *Les grands navigateurs normands*

4 sailed across

C'est surtout au 15ème siècle que la Normandie a acquis sa réputation maritime grâce à de grands navigateurs qui, à partir des ports de Dieppe, du Havre, de Rouen et d'Honfleur, sillonnaient[4] les mers à la recherche de nouvelles terres.

Des marins illustres ont laissé leur nom dans l'histoire maritime de la Normandie. On peut citer, parmi bien d'autres, les noms de Jehan Ango, Jean Denis, Samuel Champlain, René Cavelier de la Salle, Abraham Duquesne, Jules Dumont d'Urville.

5 ship-owner
6 privateers

7 fitted out

Jehan Ango (1480-1551) est l'une des grandes personnalités normandes associées à cette époque des grandes découvertes. Il était à la fois commerçant, armateur[5], collecteur d'impôts, conseiller du Roi François 1er et chef des corsaires[6].

Il fut nommé gouverneur de Dieppe, alors grand port marchand, par François 1er, en remerciement des services rendus au royaume.

En 1529, Jehan Ango arma[7] deux navires *La Pensée* et *Le Sare*, commandés par les deux frères Parmentier, grands marins originaires de Rouen, qui quittèrent Dieppe à destination des Indes.

● *Quelques grands moments de l'histoire maritime normande.*

1364	A cause de son nom, on sait que des marins normands fondent Petit Dieppe sur les côtes de Guinée en Afrique.
1402	Jean de Béthencourt, aristocrate normand, devient roi des Canaries.
1503	Paulmier de Gonneville, originaire d'Honfleur, débarque au Brésil.
1506	Jean Denis, originaire d'Honfleur, explore l'embouchure du Saint-Laurent au Canada.
1524	Verrazano, parti de Dieppe, découvre le site de New York.
1555	Durand de Villegagnon, en compagnie du Havrais Guillaume Le Testu, établit une colonie de Havrais à Rio de Janeiro.
1556	Un an plus tard, il fait parvenir un rapport au Havre, accompagné d'une '*herbe, appelée pétun au Brésil, où on la dit fort salubre pour faire distiller et consumer les humeurs[8] du cerveau*'. Le tabac a été découvert.
1608	Samuel Champlain, armateur dieppois, fonde une colonie française à Québec.
1687	Cavalier de la Salle, originaire de Rouen, prend possession de la Louisiane au nom de la France.

8 humours

● *Les Normands et le Canada.*

De nos jours, il n'est pas rare de rencontrer au Québec des Canadiens descendants des Normands, qui sont allés au 17ème siècle coloniser et peupler ce qu'on appelait alors la Nouvelle-France. La colonisation du Canada se faisant trop lentement, on décida d'y envoyer des jeunes femmes:

> En 1663, la colonie comptait à peine plus de 3 000 habitants. L'administration énergique de l'intendant Talon allait consolider le peuplement du pays. Non sans mal, il venait en Nouvelle-France beaucoup plus d'hommes célibataires que de familles. Aussi songea-t-on à transporter dans la colonie des filles à marier, les 'filles du Roi'. Dans la lettre à Colbert (27 octobre 1667), l'intendant signale l'arrivée d'un groupe de jeunes filles: '*On nous en envoie quatre-vingt-quatre de Dieppe et vingt-cinq de la Rochelle*'.
> (*Les Haut-Normands et la mer, au temps des grands voiliers, XVIe – début XXe siècle*, Archives Départementales de la Seine-Maritime, Rouen, 1991)

L'écrivain et historien Jean-Jacques Ampère, qui visite le Canada en 1851, est frappé par l'influence normande qui y persiste:

> L'accent qui domine à Montréal est l'accent normand. Quelques

locutions trahissent pareillement l'origine de cette population, qui, comme la population franco-canadienne en général, est surtout normande. Le bagage d'un voyageur s'appelle *butin*, ce qui se dit également en Normandie et ailleurs, et convient particulièrement aux descendants des anciens Scandinaves.

('Promenades en Amérique', Jean-Jacques Ampère, in *Le choc des langues au Québec*, Guy Bouthillier et Jean Meynaud, Presses de l'Université de Québec)

Cette influence linguistique normande persiste dans le français parlé au Québec aujourd'hui!

LES TERRE-NEUVAS

Pareillement à la Bretagne, la Normandie possède depuis des siècles une forte tradition de pêche lointaine. Le dernier bateau a survécu jusqu'en 1987 dans le port de Fécamp.

• Les 'bagnards de la mer'[9]

9 convicts of the sea

A partir du milieu du 16ème siècle, des centaines de bateaux, appelés terre-neuviers, partaient chaque année pour la pêche à la morue sur les bancs de Terre-Neuve, au large du Canada.

A Fécamp par exemple, la vie du port était réglée au rythme des départs et des retours des pêcheurs qui partaient pour des campagnes de six mois de pêche.

Les 'bagnards de la mer', comme les appelait Jean Récher dans *Le grand métier* (Plon, 1977), menaient une vie rude et cruelle, faisant chaque jour face aux dangers de la mer. Les plus jeunes, surtout les mousses[10], devaient affronter la cruauté de leurs aînés, comme en témoigne Marcel Ledun, embarqué comme mousse à l'âge de douze ans:

10 ship's apprentices, cabin-boys

– '*Tu finiras au bagne*[11]!' hurlaient les capitaines en colère aux enfants terrorisés et sans défense.

11 penal colony

Mais ils étaient déjà au bagne! J'ai appris que, plus avant dans le temps, ce fut encore pire. Autrefois, les superstitions qui hantaient les équipages des voiliers, non seulement du commerce mais aussi de l'Etat, engendraient les pires excès. Par exemple, quand un navire se trouvait pris dans la tempête, les hommes pour conjurer[12] le danger, fouettaient[13] les mousses jusqu'au sang sous l'oeil indifférent des officiers...

12 to ward off
13 whipped

Chaque année dans les ports on apprenait que certains étaient morts à la suite de mauvais traitements, des coups de poings, de pieds et de piqueux[14]. Rarement la justice s'emparait[15] de ces crimes. Et lorsqu'il y avait procès, les responsables n'étaient condamnés qu'à des peines dérisoires, des amendes pour coups et blessures[16].

14 lance used for catching fish

15 investigated, 'took up'

C'était toujours le capitaine qui se montrait le plus dur. Les officiers l'imitaient par orgueil, pour lui ressembler, ou seulement pour se faire bien voir. Les hommes, en général en riaient, plutôt par bêtise et lâcheté[17] que par méchanceté pure.

16 assault and battery

(*Ma vie de Terre-Neuva*, Marcel Ledun, Editions Association Fécamp Terre-Neuve, musée des Terre-Neuvas, 1992)

17 cowardice

• *La pratique de la pêche à la morue sur les bancs de Terre-Neuve*

Pendant très longtemps, les pêcheurs descendaient dans des barils le long de la coque du bateau pour pêcher:

C'est seulement aux environs de 1875, qu'apparurent les **doris**, petites barques légères à fond plat, faciles à manipuler. Au moment de la pêche, ils se dispersaient autour du navire, ce qui permettait d'élargir la zone de pêche:

Dorissiers

> La vie des Terre-Neuvas n'était jamais facile, mais celle des dorissiers était sans doute la pire. Chaque jour, ils allaient poser leur ligne pendant deux heures, vers la fin de l'après-midi. Il fallait, dès l'aube suivante, aller les relever ce qui, selon l'état de la mer, demandait quatre à six heures d'efforts exténuants. Tant mieux quand la pêche était bonne! Ensuite, ils devaient revenir à la rame jusqu'au bateau avec un doris parfois débordant de poisson, jeter le poisson sur le pont à l'aide d'un piqueux, puis hisser le doris sur le pont et se joindre au reste de l'équipage pour 'travailler' le poisson, c'est-à-dire préparer la salaison[18]...

(adapté du *Guide du musée des Terre-Neuvas et de la pêche*, Fécamp, Seine-Maritime)

18 salting of the fish

Les dangers que rencontraient les dorissiers étaient nombreux:

> La mer était rarement 'maniable'[19] sur les bancs de Terre-Neuve. Elle se dissimulait souvent sous la brume, présente parfois sans discontinuer pendant plusieurs jours. Coupés du navire, les dorissiers n'avaient pour les aider à le retrouver que la corne de brume[20] ou la cloche[21] du bord. Des centaines d'entre eux périrent en mer, faute d'avoir pu rejoindre le bord.
> Et puis, autre danger mortel, il y avait aussi les baleines[22] qui, d'un coup de queue, pouvaient faire chavirer[23] un doris. Face aux marins complètement désarmés, la 'reine des mers' représentait une terrible menace: elle tua des dizaines de matelots.

(adapté du *Guide du musée des Terre-Neuvas et de la pêche*, Fécamp, Seine-Maritime)

19 easy to handle

20 foghorn
21 bell
22 whales
23 capsize

• *Les activités liées aux terre-neuviers*

Que ce soit à Fécamp ou dans tout autre port de la côte, la pêche faisait vivre des centaines d'habitants du littoral.

D'une part, les chantiers navals[24] construisaient et entretenaient les voiliers morutiers, les doris et plus tard les chalutiers[25]. D'autre part, au retour des pêcheurs, le poisson était soit transformé, soit conservé, soit tout simplement vendu à la criée[26].

24 shipyards
25 trawlers

26 fish market

DEUXIEME PARTIE: LA PLACE ACTUELLE DE LA PÊCHE EN NORMANDIE

L'ÉVOLUTION DE LA PÊCHE

De nos jours, en Normandie, la pêche n'occupe pas la place primordiale qu'elle occupe en Bretagne. C'est toutefois une activité importante et les pêcheurs normands ont souffert des transformations qui ont affecté ce secteur à l'échelle mondiale et européenne depuis les années 1970.

Dans l'ensemble de la France, la pêche traverse une grave crise. Elle a subi de grosses pertes et a dû se réorganiser et se diversifier pour pouvoir survivre et faire face à la concurrence internationale.

Parmi les ports de pêche normands, seul **Port-en-Bessin** réussissait à se placer parmi les dix premiers en 1994 sur les 43 ports classés en fonction de la valeur des criées. Quant aux autres ports normands, leur classement était le suivant:

- Cherbourg: 16ème
- Granville: 18ème
- Dieppe: 21ème
- Fécamp: 29ème
- Honfleur: 38ème

• *Zones de pêche et conflits*

Les trente dernières années ont été marquées par des conflits entre États concernant les **zones de pêche**: dans le passé, la souveraineté des États sur leurs eaux territoriales se limitait à 3 milles marins; **à partir de 1977**, elle a été portée à 200 milles, ce qui a affecté la liberté de pêcher et a mené à des conflits avec certains pays comme le Canada, l'Islande, la Grande-Bretagne.

• *La mise en place de l'Europe Bleue en 1983*

27 dwindling
stocks
28 over-fishing

Les biologistes furent les premiers à prendre conscience du problème de la **raréfaction des ressources**[27] en poisson pour cause de surpêche[28]. La mer n'était plus inépuisable!

Cette prise de conscience a entraîné la mise en place d'une réglementation européenne très complexe, **l'Europe Bleue**, qui concerne entre autres:

- les dates de pêche
- les quotas appliqués à certaines espèces de poisson
- le matériel de pêche qu'il est permis d'utiliser,

29 mesh size

maillage[29] des filets notamment.

Les responsables locaux déplorent certains effets de cette réglementation, comme Monsieur Cuvilliez, maire de Dieppe, lors d'un entretien en février 1995:

> L'Europe Bleue a conduit à des réglementations plus sévères à la fois pour protéger les ressources, pour ne pas surexploiter les océans et en même temps pour organiser le marché. Donc on a vu en France un plan de réduction drastique des capacités de la flotte de pêche qui a conduit à la disparition de 20 bateaux dont 18 ont été coulés sous le phare de L'Ailly au pied de la falaise, avec l'espoir qu'ils deviendront des lieux de reproduction des crustacés, des homards et des crabes.

Cette réglementation, comme la PAC dans le domaine agricole, offre aussi des prix garantis pour certaines espèces de poisson et des facilités d'emprunts pour la modernisation des bateaux.

• *Passage de la grande pêche à la pêche artisanale*

Les ports de pêche normands ont essayé de réagir en abandonnant la grande pêche et en se reconvertissant dans **la pêche artisanale** en Manche, sur les côtes atlantiques anglaises ou en mer d'Irlande.

Ces bateaux représentent un investissement important pour les pêcheurs qui souvent reçoivent des aides de fonds européens, de l'Etat ou des collectivités locales. C'est ce qu'explique M. Renan, chargé de mission aux affaires de la mer, lors d'un entretien à Caen, le 8 février 1995:

> Nous considérons cette pêche comme une activité économique à part entière; donc, d'abord, premier principe, nous n'avons pas pris les pêcheurs pour des assistés, mais pour des armateurs. On les a aidés à acquérir des outils de travail, c'est-à-dire des bateaux qui soient productifs et qui offrent en même temps à un équipage des conditions de sécurité et de confort qu'on n'avait pas autrefois... Le pêcheur normand est devenu un véritable chef d'exploitation d'une petite P.M.E[30] de la mer, conscient de la nécessité de préserver les ressources de la mer.

30 *Petite et Moyenne Enterprise,* small business

• *Une formation plus technique*

Autrefois, la plupart des pêcheurs apprenaient leur métier 'sur le tas'[31] en partant en mer à un très jeune âge. Aujourd'hui, les jeunes reçoivent une formation plus complète dans les écoles. L'Ecole maritime et aquacole de Cherbourg prépare les jeunes au métier de marin-pêcheur.

31 on the job

Formation théorique mais aussi pratique à bord de 'Ma Normandie', un joli chalutier de douze mètres, acquis par la Région Basse-Normandie pour permettre de donner une formation pratique aux élèves et 'leur mettre un peu d'eau de mer dans les veines':

> Joseph Rousseville, seul maître à bord après Dieu, emmène ses élèves en mer. Il leur explique, fermement et calmement, chaque manoeuvre, ce qui permet de leur en apprendre bien davantage qu'en trois heures de cours théoriques. Un souci permanent: la sécurité. La voix qui gronde dit aussi la tendresse pour les gamins qui découvrent le métier: *'Attention! Qu'est-ce que je dirai à ton père si tu tombes!'*
>
> Manifestement, ces élèves-là ont le désir de bien faire... Quand le chalut remonte, les mains se précipitent pour faire le tri: raies[32], rougets[33], barbues[34], tourteaux[35], seiches[36] remplissent le panier.
>
> Avant de débarquer, on nettoie le bateau: *'Ma Normandie'* doit être exemplaire. Bientôt, le quai est en vue. Les visages se détendent. Pour les jeunes, c'était l'une des premières sorties; dans quelques semaines, ils prendront complètement le bateau en charge.
>
> (*Dossier pêche, Magazine du Conseil*, Région Basse-Normandie, No 6, décembre 1990).

32 skate
33 red mullet
34 brill
35 crabs
36 cuttlefish

Une école pas tout à fait comme les autres!

• *Les nouvelles inquiétudes*

Mais de nouvelles inquiétudes troublent le monde de la pêche depuis le début des années 90:

• L'entrée de l'Espagne dans l'Union européenne:
l'Espagne, grand pays consommateur de poisson, possède une flotille de pêche très développée qui a le droit de pêcher plus ou moins librement dans toutes les eaux européennes.

• L'arrivée massive d'importations de poisson:
Avec des droits d'entrée très bas, le poisson arrive dans l'Union européenne en provenance de pays comme la Russie ou la Pologne. La part des importations de poisson dans la consommation européenne ne cesse d'augmenter; devant la quantité de poisson débarqué, les prix baissent.

Confrontés à une situation financière désastreuse, les pêcheurs manifestent dans les rues, attaquent les supermarchés et les dépôts qui vendent du poisson importé:

37 French chain
of hypermarkets

Vers 10h30, les pêcheurs ont quitté la criée de Dieppe pour entreprendre une manifestation spectaculaire dans les grandes surfaces de la ville. *Mammouth*[37] a été la première 'visitée', les manifestants se rendant directement au rayon des poissons surgelés pour en extraire les produits et les piétiner au sol devant les clients d'abord surpris puis rassurés devant l'aspect non agressif des pêcheurs.
    '*On les comprend. Bien sûr, les produits détruits auraient pu être donnés aux nécessiteux, mais les marins ont le droit de vivre décemment, et depuis quelques années, c'est vrai qu'ils souffrent.*'
    Puis, au terminal transmanche, vérification des camions frigorifiques arrivant de Grande-Bretagne via Newhaven. Aucun véhicule ne transportait de poisson. Patrick Bordier, directeur de la ligne, après avoir demandé qu'on ne perturbe pas le trafic 'innocent', faisait part d'une décision de Stena Sealink Line: '*La compagnie Stena a décidé la suspension dès jeudi de tout transport de poisson jusqu'à nouvel avis.*'

(*Paris-Normandie*, 4 février 1994)

Depuis lors, le calme est revenu dans les ports mais les prix du poisson restent dangereusement bas.

38 shellfish
farming

LA CONCHILYCULTURE[38] EN BASSE-NORMANDIE

La Basse-Normandie, dans sa recherche de diversification des activités maritimes, s'est tournée vers l'élevage des huîtres, des moules et d'autres coquillages.

39 purification

Pour cela, il a fallu mettre au point un système d'assainissement[39] des eaux de mer avant de laisser les éleveurs installer des hectares de cultures conchylicoles. Ces cultures sont très sensibles en effet à toute forme de pollution.

> **La conchilyculture basse-normande en quelques chiffres (1992)**
> • 550 producteurs se spécialisent dans ce domaine
> • Emploi: 2 000 personnes sur les zones ostréicoles.
> • Production:
> – 29 000 tonnes d'huîtres, c'est-à-dire environ 20% de la production nationale.
> – 12 000 tonnes de moules d'élevage.
> – un total de 98 000 tonnes de produits conchylicoles, c'est-à-dire plus de 16% de la production nationale.

Source: *La Basse-Normandie dans l'Europe*, Daniel Lefèvre, président du Comité des pêches maritimes et élevages marins de Cherbourg.

Le tracteur, qui est le bateau de l'ostréiculteur[40], s'enfonce jusqu'à mi-roue pour rejoindre les parcs à huîtres[41]. Le chauffeur navigue parmi 800 hectares d'huîtres: la propriété de chacun est soigneusement délimitée...

40 oyster farmer
41 oyster-beds

Avant d'être expédiée, une huître aura été manipulée plus de dix fois, c'est dire que l'ostréiculture n'est pas un métier de tout repos! Aucun ne regrette pourtant de s'être lancé dans l'aventure, bien au contraire.

De septembre à fin janvier, c'est 'le coup de feu': le nombre d'emplois double pour répondre à une demande qui ne cesse de croître.

(*Dossier pêche, Magazine du Conseil*, Région Basse-Normandie, No 6, décembre 1990).

TROISIEME PARTIE: LES GRANDS PORTS ET LEURS ACTIVITÉS

A travers les siècles, les ports normands ont connu des fortunes diverses. De nos jours, certains ont gardé leur vocation de port de pêche, comme Port-en-Bessin, Saint-Vaast et Granville; Fécamp, Dieppe et Cherbourg, par contre, ont dû, avec plus ou moins de succès, se reconvertir dans d'autres activités. Quant aux deux grands ports de la région, Rouen et le Havre, ils ont continué à prospérer et à se faire une place honorable dans le classement des ports français et européens.

CHERBOURG, DERNIER GRAND PORT DU NORD DE L'EUROPE

• *L'héritage de la Marine Nationale*

Situé à la pointe du Cotentin, dans l'une des plus belles rades d'Europe, accessible par tous les temps, Cherbourg a acquis sa réputation de grand port grâce à **la présence de la Marine Nationale**.

C'est un port de construction navale militaire qui s'est spécialisé dans les sous-marins de tous genres, traditionnels ou nucléaires.

Toutefois ces dernières années, l'arsenal[42] a souffert à la suite des restrictions budgétaires de la Marine Nationale et de la mutation de 1 500 marins à Brest en Bretagne. Les conséquences ont été énormes pour l'emploi lié directement ou indirectement à l'arsenal.

42 naval shipyard

• *La pêche artisanale*

C'est seulement au lendemain de la Seconde Guerre mondiale que l'activité de la pêche s'est développée à Cherbourg. **Port de pêche fraîche**, Cherbourg est devenu un grand marché européen des gros crustacés, crabes et homards en particulier. Sa criée est l'une des plus modernes d'Europe avec une vente aux enchères[43] informatisée.

43 auction

• *Le trafic transmanche*

A partir des années soixante, le transport transmanche a pris son essor et l'on compte maintenant quatre compagnies pour le transport des passagers et du fret:

- • P & O Ferries: ligne Cherbourg – Portsmouth
- • Brittany Ferries: ligne Cherbourg – Poole
- • Stena Sealink: ligne Cherbourg – Southampton
- • Irish Ferries: fret vers Rosslare en Irlande

Sans cette activité, le port de Cherbourg, déjà touché par un fort chômage, se trouverait dans une situation encore plus accablante.

Trafic des car ferries		
	1993	**1994**
Passagers	1 620 430	1 781 653
Fret	3 217 801	4 047 888

Source: Conseil régional de Basse-Normandie/ Chambre de Commerce et d'Industie de Cherbourg, décembre 1994

• *L'enclavement du port et de la ville*

Cherbourg souffre d'un fort handicap. Le port et la ville sont restés très enclavés[44]. Le réseau routier et ferroviaire ne se développent que très lentement et rendent les échanges avec les autres régions et Paris très difficiles.

44 isolated

Les touristes ou les chauffeurs de camions qui arrivent à Cherbourg en ferry repartent aussitôt. Rien ne les arrête dans la ville! De plus, ils sont souvent ralentis dans les embouteillages à la sortie de la ville, puis, s'ils se dirigent vers la Bretagne, le long de la presqu'île du Cotentin.

A l'aube du 21ème siècle, la ville n'est toujours pas reliée à Paris par une route à quatre voies!

DIEPPE, UN PORT EN DÉCLIN

• *La lente disparition du port de pêche*

Port au passé glorieux, Dieppe est confronté depuis de nombreuses années à des problèmes économiques liés à la réduction de ses activités portuaires. Comme l'explique Monsieur Cuvilliez:

Il y a eu jusqu'à quatre mille inscrits maritimes à Dieppe, liés à la pêche industrielle dans la mer du Nord. Entre les années cinquante et soixante, elle a régressé et a aujourd'hui quasiment disparu. Elle a été remplacée par la pêche artisanale fortement soutenue par les pouvoirs publics, ce qui a permis de renouveler la flotte et de redonner à la pêche une forme d'activité utile et importante. Et puis le déclin s'est de nouveau produit. La pêche est aujourd'hui au plus mal. De 18 000 à 20 000 tonnes dans les années soixante-quinze, on est descendu aujourd'hui à 6 000 – 7 000 tonnes de produits de pêche par an. Il n'y a plus que trois cents inscrits maritimes liés à la pêche.

• Les problèmes du port de commerce

Jusqu'aux années 1970, Dieppe était **le premier port bananier** de France, recevant des bananes des Antilles françaises, Martinique et Guadeloupe. Dans les années 70, la CGM, Compagnie Générale Maritime, principale entreprise de transport maritime en France, quitte le port qui ne peut pas recevoir les grands conteneurs dans lesquels sont transportés les fruits. Une grande partie de ce trafic est transféré au Havre qui, par son importance et sa proximité, représente une forte concurrence.

• Un trafic transmanche menacé?

Avec l'ouverture du tunnel sous la Manche, certains ont mis en doute la survie de la ligne transmanche Dieppe-Newhaven. La fermeture serait, selon Monsieur Cuvilliez, une catastrophe pour Dieppe :

Le transport des passagers est l'activité la plus structurante de toutes les activités portuaires. Nous aurions un préjudice irrémédiable si nous perdions cette activité. Nous savons que nos amis de Brighton et du Sussex pensent qu'il est nécessaire d'avoir cette traversée. Il y a un potentiel de clientèle très fort dans le Sud du bassin de Londres, nous restons un parcours prisé en distance et en temps.

Grâce à la construction de l'avant-port et l'installation d'une nouvelle passerelle pour voitures de 84 mètres (la plus longue d'Europe!), la Compagnie *Stena* espère bien consolider la viabilité de cette ligne.

Trafic passagers et fret sur la ligne Newhaven – Dieppe		
	Passagers	**Fret (en tonnes)**
1992	745 725	888 733
1993	1 217 632	1 466 908
1994	1 168 063	1 574 007

ROUEN, PORT UNIQUE SUR LA SEINE

De par sa situation géographique, Rouen occupe une place très spéciale parmi les ports français: c'est à la fois un port de mer, situé à 120 kilomètres de la mer, et un port fluvial, situé à 120 kilomètres de Paris.

On le surnomme souvent 'le port de Paris'.

• *Caractéristiques du port de Rouen*

> • 4ème port de France;
> • 1er port au monde pour l'exportation du blé et de l'orge;
> • port de croisières: en 1994, 30 paquebots sont venus du monde entier avec 10 000 passagers;
> • grand port industriel (papeterie, charbon et produits pétroliers);
> • port ravitaillant l'Ile-de-France et Paris en marchandises diverses.

L'activité du port de Rouen n'a cessé de croître jusqu'en 1992, avec un trafic record de près de 24 millions de tonnes.

• *Des croisières transmanche dans un proche avenir?*

L'idée peut sembler surprenante. Et pourtant:

> *Brittany Ferries* veut développer une ligne entre le port de Rouen et l'Angleterre. Sur le plan touristique, la montée et la descente de la Seine, c'est fabuleux. On a un avenir pour la croisière à Rouen!

Les responsables locaux, comme Monsieur P. Kerr, ancien adjoint au maire de Rouen, y croient fermement!

LE HAVRE, GRAND PORT DE COMMERCE SUR LA MANCHE

Situé à l'embouchure de la Seine, le Havre est un port maritime en eau profonde dans le prolongement d'un nombre impressionnant de grands ports, Hambourg, Brême, Rotterdam, Amsterdam, et surtout son grand rival Anvers[45]. Le port du Havre est bien placé pour les navires venant de l'Atlantique:

45 Antwerp

L'ACCESSIBILITE DES PORTS DU RANGE NORD-OUEST EUROPEEN

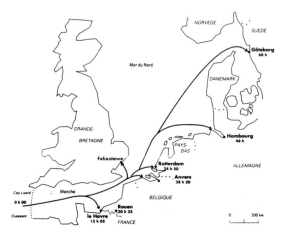

Il reçoit aujourd'hui les plus grands conteneurs et pétroliers du monde et joue un rôle important de transit international. Les efforts d'équipement ont été considérables pour permettre au port d'être parmi les premiers d'Europe:

- écluse[46] François 1ᵉʳ, la plus grande du monde;
- terminal pétrolier d'Antifer, situé à 20km au nord du Havre;
- énormes zones de stockage.

46 lock

- *Caractéristiques du port du Havre*

> - 5ème port de commerce d'Europe;
> - 2ème port de commerce français après Marseille;
> - trafic transmanche: un million de passagers et 3,3 millions de tonnes de fret en 1993 vers l'Angleterre et l'Irlande;
> - 1ᵉʳ port français pour les conteneurs: près d'un million de conteneurs par an, c'est-à-dire 55% du trafic global français. Il se prépare à recevoir des navires gigantesques transportant entre 5 000 et 6 000 boîtes!
> - 2ème port français d'importation de pétrole et de gaz naturel. 40% du total des importations de pétrole de la France sont réceptionnées au Havre ou à Antifer. Sur cinq litres de carburant consommés en France, un litre est raffiné à partir du pétrole brut reçu à Antifer!

- *La vie portuaire*

Depuis des générations, la ville vit et travaille au rythme du port: employés, ouvriers, marins, dockers dépendent tous du dynamisme du port pour leur emploi. Les conditions de travail se sont améliorées depuis l'affaire Durand (voir chapitre 5) mais elles restent difficiles. De nombreux problèmes persistent comme en 1994 lorsqu'un long conflit a opposé les dockers aux autorités du port.

Jack Fortier, secrétaire du syndicat des dockers parle de la vie des dockers aujourd'hui:

> Maintenant, tout doit être prévu d'avance. On prévient les gars la veille à 19 heures pour le travail du lendemain. Il faut qu'ils laissent à l'entreprise leur numéro de téléphone. Le travail est plus dur. Je connais des dockers qui depuis juillet n'ont pas eu un seul dimanche.
>
> (*Le Monde*, 16 novembre 1994)

La concurrence est vive entre ports européens. Les grèves font perdre des clients:

> Les bateaux reviennent au Havre, certes, mais pas encore tout le trafic potentiel. Car quand un expéditeur lyonnais, parisien ou milanais a pris goût à Anvers, le plus redoutable des concurrents, magnifique mécanique attrayante en terme de tarifs, il hésite avant de reprendre le chemin de la Basse-Seine.
>
> Faire revenir les marchandises, voilà l'obsession d'André Graillot, directeur du port autonome du Havre. '*Pour s'aligner sur Anvers, Le Havre doit encore gagner 25% de productivité*', estime Jacques Saadé,

président de la CMA, dont les navires sillonnent les mers entre l'Europe, l'océan Indien et l'Asie.

(*Le Monde*, 16 novembre 1994)

CONCLUSION

47 De Felice, 1906

'Les Vikings ont été hardis et omniprésents sur les mers du globe; leurs héritiers se sont parfois assoupis[47].' Il est vrai que la Normandie a longtemps délaissé sa façade littorale pour se tourner vers l'intérieur, contrairement à son voisin breton qui traditionnellement devait 'demander à la fécondité des mers les ressources que son sol était impuissant à lui fournir'[48].

48 F. Gay, 1974

Récemment, de nombreux efforts ont été faits pour moderniser et diversifier les activités maritimes normandes, trafic transmanche, pêche, conchyliculture, modernisation des ports. Seront-ils suffisants pour préserver les activités maritimes du littoral, face à une concurrence européenne et mondiale de plus en plus vive?

ACTIVITÉS

1. Traduisez en anglais le passage p. 106 sur 'les bagnards de la mer' (Tu finiras au bagne... par méchanceté pure)

2. Un dorissier écrit à sa famille pour lui faire savoir comment se déroule la saison de pêche à Terre-Neuve. Imaginez le contenu de cette lettre.

3. En tant que pêcheur normand, vous avez participé aux récentes manifestations et vous avez été invité à une émission télévisée publique sur la crise de la pêche. Vous connaissez à peu près les questions que pourrait vous poser le public sur les problèmes de la pêche:

  • la diminution des stocks de poisson
  • le prix du poisson (trop bas pour le pêcheur, trop haut pour le consommateur, pourquoi?)
  • l'influence de la réglementation européenne sur les problèmes actuels de la pêche française
  • les manifestations de pêcheurs: la violence est-elle justifiée?
  • l'avenir de cette industrie traditionnelle.

Préparez vos réponses à l'avance à l'aide de la section *L'évolution de la pêche*.

4. Examinez les avantages et les désavantages des cultures marines par rapport à la pêche en mer. Selon vous, les cultures marines remplaceront-elles en Basse-Normandie la pêche en mer dans un proche avenir?

5. Vous êtes responsable du port du Havre et on vous a demandé de préparer un rapport sur l'avenir de ce port.
  Vous préparez votre rapport en une centaine de mots à l'aide de la section 'Le Havre, grand port de commerce sur la Manche'.

10 LA NORMANDIE TOURISTIQUE

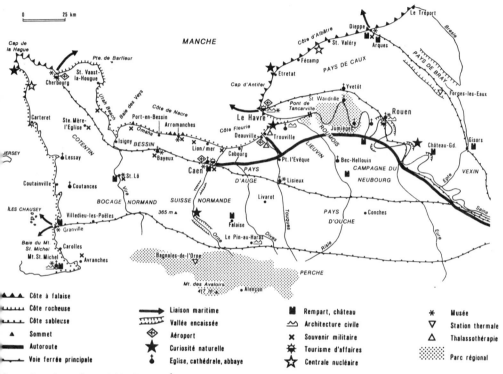

Source : *Le tourisme en France*, A. Mesplier, 1993, Éditions Bréal.

La vocation touristique de la Normandie date du 19ème siècle et elle est ainsi **l'une des plus anciennes régions touristiques** de l'Hexagone. Mais d'abord, qu'est-ce que la Normandie évoque pour les touristes?

• La première image est maritime; c'est celle des grandes plages, des stations balnéaires, des ports de pêche et de plaisance, des falaises...

• La seconde est rurale. La Normandie a souvent été célébrée pour la beauté de ses paysages variés: prairies, bocages, forêts, parcs naturels régionaux...

• Enfin, la Normandie est connue pour la richesse de son patrimoine historique et architectural.

Les conditions semblent donc rassemblées pour faire de la Normandie une grande région touristique. Pourtant, depuis les années 1960, elle doit faire face à la concurrence des régions du sud, qui, inondées de soleil et de chaleur, attirent les vacanciers du nord de la France et de l'Europe. En matière touristique, son climat doux mais pluvieux représente un sérieux handicap. Elle reste cependant bien placée dans le palmarès touristique national puisqu'elle se trouve en 7ème position.

LE TOURISME BALNÉAIRE DE LA HAUTE SOCIÉTÉ

Dans notre société où les loisirs et les vacances sont devenus une préoccupation majeure, il est difficile d'imaginer que seul un petit nombre de privilégiés a autrefois bénéficié des plaisirs de la plage et des bains de mer.

• *Les vertus médicales de la mer*

Depuis longtemps, on reconnaît aux bains de mer des vertus médicales. C'est en 1778 que furent fondées les premières 'maisons de santé', ancêtres des centres de thalassothérapie[1]. Une clientèle, venue principalement d'Angleterre, fréquente ces établissements. Déjà, le plaisir de la baignade s'ajoute aux traitements médicaux:

1 sea water health treatment

> La rive gauche appartient aux femmes, la droite aux hommes [..]. Au pied des pontons sont des tentes dans lesquelles on laisse et reprend ses vêtements [..]. On est conduit par des baigneurs jurés[2], toujours prêts à se jeter à la nage. Lorsque les malades sont impotents[3], ces guides-baigneurs les portent et les plongent dans la mer. Ce sont ces mêmes guides qui conduisent les femmes. Ils vous tiennent par la main, vous dirigent, vous soutiennent et vous aident à faire le saut nécessaire pour que la lame[4] ne vous recouvre pas la tête... J'ai vu des jeunes femmes se réunir, se prendre la main et former des danses rondes au milieu de la mer.
>
> ('Lettre envoyée par le Vicomte X à un Lord anglais', Dieppe, 1826, *La façade littorale de Paris*, Daniel Clary)

2 swimming assistants
3 disabled, crippled

4 wave

• *Les premiers bains de mer à Dieppe*

Dans les années 1820, la duchesse de Berry mit Dieppe à la mode. Elle y séjourna à plusieurs reprises et il était fréquent de la rencontrer, vêtue en simple paysanne et cheveux au vent. Grâce à elle, les bains de mer devinrent chose courante pour la haute société parisienne. Voici comment se passait la première journée de baignade:

> Et puis, nouvelle lubie[5], elle commença à prendre des bains de mer! Tout le monde voulut l'imiter et la plage de Dieppe se couvrit de baigneurs. L'étiquette voulait qu'on tirât le canon au moment où la princesse entrait dans la mer. Le médecin inspecteur y accompagnait l'altesse[6] royale et lui offrait sa main droite gantée de blanc. Ce premier jour passé, la princesse reprenait sa liberté, elle se baignait comme une simple mortelle. Elle jouait comme une pensionnaire à doucher et asperger[7] ses voisins et exigeait qu'on lui rende la pareille...
>
> La brillante société qui avait découvert Dieppe mit la plage à la mode. Pas de femme élégante qui ne voulût s'y faire voir au moins quelques semaines.
>
> (*La belle époque sur la côte normande*, Monique Sclaresky, Ed. Ouest-France, 1989)

5 whim

6 highness

7 to splash

• *La mer et les artistes*

Des personnalités connues prennent goût aux visites sur la côte normande. Le 19ème siècle a en effet produit toute une génération d'écrivains qui adoraient voyager, comme Victor Hugo ou Emile Zola, et qui ont contribué à faire connaître leurs coins favoris. Le peintre Isabey, les écrivains Alphonse Karr et Alexandre Dumas séjournent dans de petits villages de la côte et vantent[8] leurs charmes.

8 praise

• *Le développement des stations balnéaires*

Les stations balnéaires comme Dieppe, Granville, Le Havre, Trouville et Deauville prennent leur essor. Le Tout-Paris chic et intellectuel se rend sur la côte, déjà bien reliée à Paris par le chemin de fer ou par des 'omnibus à chevaux'.

• Trouville
Grâce à la publicité faite par des écrivains et artistes, notamment Alexandre Dumas, sensible à la cuisine normande de la mère Ozerais, le développement de Trouville sera rapide. Ainsi, en 1849, peut-on lire dans le journal de l'Association normande:

> Il y a vingt ans, Trouville n'avait que son port et ses pêcheurs. Il n'était qu'une chétive[9] réunion de cabanes[10], de sentiers, de ruelles inégales, étroites et tortueuses.
> Son avenir se présente sous les plus belles espérances. De nombreux quartiers entrecoupés de rues bien entretenues ont été formés comme par enchantement.
> [..] Tout ce que Paris a de riche et d'élégant, tout ce que les arts et le commerce offrent de distingué, habite Trouville pendant l'été.
> (*La belle époque sur la côte normande*, Monique Sclaresky, Ed. Ouest-France, 1989)

9 wretched, unattractive

10 huts

• Deauville
Quelques années plus tard, Deauville connaît la même destinée. Des constructions d'une élégance parfaite surgissent ici et là et donnent à la petite ville un chic incomparable.

En 1912, un nouveau casino, véritable palais dans le style de Versailles, est construit et inauguré en grande pompe devant la haute société parisienne:

> L'heure du dîner approchait et chacun se préparait pour y paraître en tenue de soirée[11]. Tous les robinets des luxueuses salles de bain

11 formal dress

12 untimely
13 **a pipe**

14 skimping
15 cans
16 coped
17 emergency

fonctionnaient en même temps. Cette utilisation intempestive[12] provoqua la rupture d'une canalisation[13], ce qui coupa l'alimentation en eau de l'établissement et la distribution dans les étages.

La direction ne lésinant[14] devant aucun sacrifice, fit monter des caves des bonbonnes[15] d'eau minérale et fit face[16] à cet imprévu[17], resté dans les annales.

18 select
19 name of the coast between Trouville and Cabourg
20 **board walks**

De nos jours, Deauville attire toujours une clientèle haut de gamme[18] et reste la plus célèbre de toutes les stations balnéaires de la Côte Fleurie[19].

Ses planches[20], ses courses de chevaux et ses ventes de yearlings, ses grands hôtels, son casino, son *Festival du Film Américain* et ses visiteurs célèbres lui confèrent une notoriété indiscutable. L'élégance de ses constructions a été préservée:

21 designer label

Nous avons fait un énorme effort, Dieu merci, pour préserver l'aspect de Deauville, pour que toutes les constructions par exemple, soient dans ce que j'appelle 'le style Deauville', notre griffe[21], un style totalement fabriqué qui est un mélange de normand et de comédie musicale.

(Anne D'Ornano, maire de Deauville, *Madame Figaro*, 'Du côté de Deauville', 27 août 1994)

• Cabourg

Cabourg deviendra le fameux 'Balbec' dans l'oeuvre de Marcel Proust. Le *Grand Hôtel* de Cabourg est toujours là aujourd'hui et l'on peut y réserver la chambre où séjourna de nombreuses fois l'écrivain.

Marcel Proust se plaît à décrire le snobisme qui règne dans l'hôtel. Les résidents ne s'intéressent nullement à la population locale et se retrouvent l'été parmi les mêmes personnes qu'ils fréquentent à Paris ou ailleurs.

Dans ce passage, Marcel et sa grand-mère arrivent déjeuner dans la salle à manger du *Grand Hôtel* pour la première fois:

22 **country worthy**

23 **haughtiness**

Nous y vîmes en revanche au bout d'un instant un hobereau[22] et sa fille, d'une obscure mais très ancienne famille de Bretagne, M. et Mlle de Stermaria, dont on nous avait fait donner la table, croyant qu'ils ne rentreraient que le soir. Venus seulement à Balbec pour retrouver des châtelains qu'ils connaissaient dans le voisinage, ils ne passaient dans la salle à manger de l'hôtel, entre les invitations acceptées au dehors et les visites rendues, que le temps strictement nécessaire. C'était leur morgue[23] qui les préservait de toute sympathie humaine, de tout intérêt pour les inconnus assis autour d'eux, et au milieu desquels M. de Stermaria gardait l'air glacial, pressé, distant, rude, pointilleux et mal intentionné qu'on a dans un buffet de chemin de fer au milieu de voyageurs qu'on n'a jamais vus, qu'on ne reverra jamais, et avec qui on ne conçoit d'autres rapports que de défendre contre eux son poulet froid et son coin dans le wagon. À peine commencions-nous à déjeuner qu'on vint nous faire lever sur l'ordre de M. de Stermaria, et sans le moindre geste d'excuse à notre adresse, il pria à haute voix le maître d'hôtel de veiller à ce qu'une pareille erreur ne se renouvelât pas, car il lui était désagréable que 'des gens qu'il ne connaissait pas' eussent pris sa table.

(Marcel Proust, *A l'ombre des jeunes filles en fleurs*)

L'AVÈNEMENT DU TOURISME POPULAIRE

• *Le bord de la mer et les congés payés*

En 1936, un changement radical vient bouleverser la vie des Français. Pour la première fois, les salariés obtiennent des congés payés. Le tourisme populaire est né!

Dès lors, à partir des villes, des 'prolétaires', se rendent au bord de la mer et profitent, eux aussi, des bains de mer.

Le peuple envahit les plages, souvent au déplaisir des bourgeois parisiens. 'Le vent de la démocratie fait frissonner[24] les bourgeois, mal remis des atrocités du Front Populaire[25]' déclare un journal d'extrême-droite.

Le visage du tourisme se transforme:

24 shiver
25 name of the first French socialist government elected in 1936

> Le 31 juillet 1936 au soir, toutes les usines ferment leurs portes pour le grand nettoyage de quinze jours:
> – 'Et toi, que fais-tu?'
> – 'Quand pars-tu, où vas-tu?'
> [..] Le hall des gares ressemble à une sortie d'usine et l'on fait la queue aux guichets où sont vendus près d'un million de 'billets populaires de congés annuels'. Deux cent mille travailleurs quittent la région parisienne pour la grande aventure, nous disent les journaux du temps... Où vont-ils, ces gens des villes pris d'une sorte de nomadisme? Entre le 2 et le 5 août, la Normandie double ou triple sa population. Pensions de famille, hôtels, maisons de location, tout ce qui a quatre murs est envahi...
> Fraternité et promiscuité, ainsi commence la civilisation des loisirs. Quelle revanche! L'ouvrier barbote[26] dans la même eau que les bourgeois et brunit au même soleil.
> <div align="right">(Sabine Beauséjour, 'Le monde moderne s'ouvre
aux vacances', <i>Historia</i>, juillet 1971)</div>

26 paddle

Cette évolution se poursuivra après la guerre. Les années cinquante et soixante voient en effet, partout en France, l'apogée du tourisme balnéaire populaire.

PARTICULARITÉS DU TOURISME 'À LA NORMANDE'

Contrairement à d'autres régions françaises, l'activité touristique de la Normandie aujourd'hui est assez unique en son genre: elle se poursuit tout au long de l'année grâce principalement à la proximité de Paris.

Le tourisme normand puise ses ressources dans quatre secteurs que l'on a surnommés **'les 4/4 du tourisme normand'**:

- **25%** du chiffre d'affaires provient de la **'saison'**, c'est-à-dire de la présence de touristes qui y séjournent en général plus de quinze jours entre la mi-juin et la mi-septembre.

- **25%** provient des **résidences**, nombreuses en Haute et Basse-Normandie. Sur le littoral, les appartements construits par des promoteurs[27] comme *Merlin* ou *Ribourel* s'élèvent à côté de vieilles villas familiales au charme incomparable.

27 developers

- 25%   proviennent du séjour de personnes qui viennent pour **le week-end ou en court séjour** (une semaine au maximum). Cette tendance est de plus en plus prononcée.

- 25%   proviennent des **touristes de passage,** une ou deux nuits passées dans la région. Ce sont, en général, des Britanniques qui transitent par les ports de Dieppe, du Havre, de Ouistreham et de Cherbourg ou bien des visiteurs belges, hollandais, allemands, quelques Américains et Canadiens qui viennent en pélerinage sur les plages du Débarquement de 1944.

LES DIFFÉRENTES FORMULES D'HÉBERGEMENT

Pour accueillir et héberger les touristes, il a fallu développer les formes déjà existantes et en trouver de nouvelles:

- *Les résidences secondaires*

Source: INSEE, Comité régional de tourisme de Normandie, 1994

- Les résidences secondaires représentent **77%** de la capacité d'accueil de la province.

- 60% des résidences secondaires en Basse-Normandie se situent sur le littoral. Ce chiffre n'est que de 15.4% en Haute-Normandie. Beaucoup de Parisiens ont en effet des maisons dans la campagne de l'Eure, proche de Paris.

Les années soixante voient le développement des résidences secondaires, achetées par des citadins, principalement des Parisiens, en quête de calme et de repos pendant les week-ends ou les vacances.

Ce phénomème est notamment important dans l'Eure, sur le littoral entre Dieppe et Etretat, et bien sûr, dans le Calvados. Il a empêché la 'désertification' de certains coins de la Normandie, suite au départ des jeunes ruraux.

Depuis les années 1975, la crise économique et l'attrait de régions plus lointaines et ensoleillées ont contribué au ralentissement de ce phénomène.

Il est souvent reproché aux résidences secondaires de ne pas générer de richesses pour la région d'accueil, en particulier dans le domaine de l'emploi.

- *Les séjours à l'hôtel*

Pour les courts séjours, les touristes séjournent en hôtel.

28 stock

Le parc[28] hôtelier de la Normandie rassemble 987 hôtels, dont la moitié sont des 2 étoiles. La capacité d'accueil se concentre dans le Calvados et la Seine-Maritime où l'on trouve 65% des chambres:

Evolution des nuitées[29] dans l'hôtellerie			
	Basse-Normandie	**Haute-Normandie**	**Normandie**
Français			
1992	2 556 069	1 415 627	3 971 696
1993	2 642 928	1 373 451	4 016 379
Etrangers			
1992	1 114 649	619 202	1 733 851
1993	987 895	577 811	1 565 706

29 nights spent by individuals

Source: INSEE, Comité régional de tourisme de Normandie, 1994

Parmi les étrangers, le classement par nationalité est le suivant:

Provenance	Nombre de nuitées (1993)
Grande-Bretagne	631 400
Allemagne	221 700
Belgique	210 300
Italie	116 000
USA	99 300
Pays-Bas	66 579
Canada	22 700

• *Le camping*

La Normandie est au 8ème rang des régions françaises pour l'accueil en terrain de camping (262 en Basse-Normandie, 109 en Haute-Normandie). Ce type d'hébergement est particulièrement bien représenté sur le littoral du Calvados et de la Manche où se concentrent 69% des capacités d'accueil en terrain de camping.

• *L'explosion des gîtes ruraux : 'le tourisme vert'*

Au début des années 70, les gîtes ruraux font leur apparition en Normandie. Timidement d'abord, quatre gîtes apparaissent dans l'Orne. En 1990, on en comptait près de 1 400 en Basse-Normandie.

Comment peut-on expliquer cette évolution remarquable? Les causes en sont diverses.

Dans le tourisme vert, les vacanciers retrouvent la nature, la détente, la convivialité. C'est pour eux un retour à leurs racines. Ne dit-on pas que dans tout Français se cache un paysan? C'est aussi l'occasion de goûter à la gastronomie normande:

30 home-made pâtés
31 red iron

Au Manoir de la Nocherie dans l'Orne, Mme M... prépare et sert elle-même les repas 'à la manière d'autrefois'. Tout est cuit dans l'ancien four à pain, ses terrines maison[30] font la joie des gastronomes et ses desserts, dont elle tient les recettes de sa grand-mère, celle des gourmands: la crème à l'ancienne et le riz caramélisé au fer[31] rouge, sont ceux qu'elle conseille plus particulièrement à ses hôtes.

(*L'Orne Magazine*, Le tourisme vert, novembre 1993)

Le gîte rural n'est pas la seule forme d'hébergement. Il existe d'autres formules:

- camping à la ferme,
- fermes-auberges,

32 equiv. Bed & Breakfast

- chambres d'hôtes[32]: la Basse-Normandie est la première région française pour cette forme d'hébergement.

Ce tourisme a redonné une vitalité inespérée à des régions affectées par un exode rural massif.

De son côté, l'agriculteur qui héberge des touristes a su valoriser son patrimoine. Il ne gagne pas vraiment beaucoup d'argent, mais apprécie son nouveau rôle dans la société. Selon un paysan bas-normand:

33 absorbing

C'est une activité prenante[33] mais un complément de notre revenu non négligeable. Nous aimons l'atmosphère conviviale, mais cela nous apporte aussi des soucis.

Hébergements ruraux au 1er décembre 1993			
	Basse-Normandie	Haute-Normandie	Normandie
Gîtes ruraux	1 640	496	2 136
Gîtes d'étapes	74	34	108
Chambres d'hôtes	1 448	645	2 093

Source: *Relais des gîtes ruraux*, Comité régional de Normandie

A la différence de la tendance nationale où les touristes fréquentant les gîtes sont français à 71%, la Basse-Normandie connaît une présence étrangère d'environ 40%. Le patrimoine historique et touristique explique en grande partie cette situation.

QUELQUES ASPECTS DE LA RICHESSE TOURISTIQUE NORMANDE

Le touriste de nos jours recherche non seulement le repos, la plage, la nature, mais aussi des activités culturelles et sportives, organisées pour lui et sa famille. Il devient exigeant.

Toute une structure a été mise en place par les régions,

comité de tourisme, syndicats d'initiative, etc., pour créer de nouveaux 'produits' touristiques. Les visites des monuments historiques ne suffisent plus à satisfaire la clientèle. Elle recherche l'insolite, l'inattendu.

• *Les grands sites touristiques normands*

La Normandie touristique exploite bien entendu l'histoire de la région, sa richesse architecturale et ses musées.

Bien loin de faire concurrence aux grands monuments historiques de Paris comme *le Centre Pompidou* (7,9 millions d'entrées en 1993) ou *la Tour Eiffel* (5,5 millions d'entrées), les grands sites touristiques hauts et bas-normands attirent toutefois des millions de visiteurs chaque année, malgré une légère diminution lors de ces trois dernières années.

Dans l'ensemble de la Normandie, six millions de touristes en moyenne visitent chaque année musées, châteaux et monuments historiques:

Sites	1991	1993
Cimetière américain de Colleville	1 500 000	1 200 000
Basilique de Lisieux	1 110 000	1 110 000
Abbaye du Mont-Saint-Michel	816 256	844 145
Tapisserie de Bayeux	477 000	470 000
Musée d'Arromanches	375 500	345 000
Mémorial de Caen	313 000	330 000
Musée de Monet à Giverny	370 000	286 000
Musée de la Bénédictine	124 000	143 478
Musée de Sainte-Mère-Eglise	131 137	134 659
Musée Bataille de Normandie-Bayeux	104 116	120 000
Parc zoologique de Jurques	110 000	100 000
Fonderie de cloches de Villedieu	79 773	82 490
Abbaye de Jumièges	80 688	75 350
Haras[34] du Pin	100 000	52 500

Source: Comités départementaux de tourisme, Comité régional de tourisme de Normandie, 1994

34 stud farm

• *Le Haras du Pin*

Situé dans un site surnommé le 'Versailles du cheval', le Haras du Pin, dans l'Orne, accueille chaque année des milliers de visiteurs qui viennent admirer les plus beaux spécimens de chevaux ou assister aux manifestations équestres, concours hippiques, dressage, attelage[35] ou aux courses de chevaux:

35 carriage driving

> Depuis 1730, le Haras du Pin possède un élevage d'étalons[36] nationaux reproducteurs, mis à la disposition des éleveurs de la région.
>
> Les chevaux y sont aujourd'hui au nombre de quatre-vingts, destinés aux courses, au trait[37] et à de nombreux sports et loisirs.
>
> Parmi les plus célèbres des anciens pensionnaires du Haras du Pin, on trouve *Night and Day*, étalon pur-sang[38] anglais, ou *Furioso*, autre pur-sang anglais, père de plus de 300 chevaux et dont la tombe se trouve dans le parc.

36 stallions

37 draught

38 thoroughbred

• *Le tourisme industriel et technique*

Grâce au développement dans les dernières années du tourisme industriel et technique, nous avons appris à mettre en valeur un autre visage de notre pays: celui de la France du savoir-faire, de la technologie, de l'artisanat, de l'invention, mais aussi de l'homme au travail, celle qui exprime les réalités sociales de l'époque la plus contemporaine de notre histoire.

Ainsi M. Bernard Besson, ancien ministre de l'équipement, des transports et du tourisme résume-t-il, dans la préface du *Guide 1994 du tourisme industriel et technique en Normandie*, la fonction de cette nouvelle forme de tourisme.

Il est très bien représenté en Normandie puisque l'on compte environ cent vingt visites possibles dans la région, allant de la fonderie de cloches à Villedieu ou du musée de la Bénédictine[39] à Fécamp à la marionnetterie[40] à Ecouché.

39 alchoholic drink invented by a monk

40 puppet workshop

• *Les parcs régionaux et l'environnement*

Le paysage normand n'est plus à décrire; pourtant, souvent mal connus, les parcs régionaux naturels offrent aux visiteurs de nombreuses activités sportives (cheval, randonnées, voile, planche à voile sur les lacs, tir à l'arc, etc.) et touristiques (visites de musées, d'expositions, d'éco-musées[41], activités artisanales).

41 museum on the environment of a region

> En France, la politique des parcs naturels date de 1965. A l'époque, M. Olivier Guichard, alors délégué à l'aménagement du territoire, avait souhaité que les citadins puissent respirer à l'écart de leurs trépidantes[42] cités.
>
> En 1967, le décret les instituant sera publié. A partir de 1971, des parcs naturels régionaux verront régulièrement le jour. Le tout premier dans le Nord, à Saint-Amand-Raismes.

42 hectic

Paris-Normandie,
7 janvier 1994

La Normandie en compte deux: le Parc de Brotonne en Haute-Normandie, créé en 1974, et le Parc de Normandie-Maine en Basse-Normandie, créé en 1975. En 1994, le parc de Brotonne a donc fêté ses vingts ans:

> Il est devenu le symbole de la nature. S'étendant des deux côtés de la Seine, il couvre une superficie de 60 000 hectares de forêts et de campagne. Il comprend la Vallée de la Seine, le Pays de Caux, la basse-vallée de la Risle et le Marais Vernier.
>
> Ce dernier, zone humide exceptionnelle, est devenu une réserve naturelle où paissent des chevaux camarguais et des bovins écossais et où nichent des milliers d'oiseaux dont des cigognes[43].   43 storks
>
> Avec succès, il a rempli sa mission de protection de la nature.
>
> Non seulement le parc de Brotonne est un lieu de vie privilégié pour ses 65 000 habitants, mais il attire aussi chaque week-end des centaines de visiteurs.

• *L'Armada de la Liberté*

En dehors de la nature et des activités sportives, qu'est-ce qui peut attirer vers la Normandie des visiteurs, sollicités par d'autres horizons?

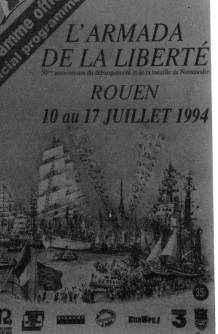

Les responsables du tourisme normand sont constamment à la recherche de manifestations originales pour promouvoir la région. Parfois l'histoire leur en fournit l'occasion, comme ce fut le cas lors des fêtes du Débarquement en juin 1994. La Basse-Normandie se retrouva alors pour quelques jours au centre d'un énorme intérêt médiatique.

La Haute-Normandie, en particulier la ville de Rouen, a aussi voulu célébrer à sa manière cet événement historique:

> Toutes voiles dehors[44], des dizaines de voiliers ont remonté la   44 in full sail
> Seine, le 9 juillet 1994, jusqu'à Rouen. Un spectacle impressionnant
> dans les brumes matinales et le miroitement[45] du soleil sur des   45 shimmering
> eaux plus habituées de nos jours aux cargos.
>
> Comme l'exprime chaleureusement l'ancien maire de Rouen, François Gautier:
>
> Des équipages[46] du monde entier sont venus célébrer avec les   46 crews
> Français cet idéal qui doit être celui de tous, et de toutes les
> nations, la Liberté.

En 1986, Rouen avait déjà accueilli *la Course de la Liberté* Rouen/ New-York, pour commémorer le centième anniversaire de la Statue de la Liberté. Devant le succès de cette entreprise, en 1989, dans le cadre du Bicentenaire de la Révolution Française, *les Voiles de la Liberté* se sont rassemblées une nouvelle fois dans le port.

Neuf millions de personnes, dont un quart venu d'autres pays européens, ont assisté dans une ambiance digne des grands ports aux manifestations de 1994: *l'Armada de la Liberté* a animé pendant huit jours la ville de Rouen et les quais de la Seine. Bilan positif si l'on en croit les commerçants, les hôteliers et les responsables de la municipalité!

Sans aucun doute, ces manifestations attirent à chaque occasion des millions de touristes mais sont-elles suffisantes pour relancer l'intérêt des visiteurs pour cette région et surtout pour les encourager à y séjourner plus longtemps?

LES INSUFFISANCES DU TOURISME NORMAND

A la fin des années quatre-vingts, l'industrie touristique normande devait faire face à de sérieux problèmes. En effet, sur environ 1.8 millions de personnes qui traversaient la Normandie, 5% d'entre elles seulement y passaient plus d'une journée.

Les Britanniques eux-mêmes, les plus nombreux des visiteurs étrangers, ne tenaient pas à passer leurs vacances en Normandie: ils y jugeaient l'accueil mauvais et insuffisant. Constat très inquiétant!

• *Des critiques sévères*

Les spécialistes du tourisme ont analysé les faiblesses de la Normandie en matière de tourisme. Ils lui reprochent:

> • de se contenter du tourisme de week-end et des séjours dans les résidences secondaires
>
> • d'offrir des capacités d'accueil en gîtes insuffisantes
>
> • d'avoir un nombre trop limité de places pour les bateaux de plaisance dans les ports
>
> • d'avoir insuffisamment développé le tourisme itinérant en liaison avec les 'tour operators'

Bilan inquiétant qui a suscité des réactions, notamment celle de Mme Anne d'Ornano, présidente du Comité régional du tourisme, qui déclarait en 1987:

47 vague, fuzzy

Nous allons **vendre** la Normandie pour son patrimoine, ses rivières, ses casinos. L'image de la Normandie reste trop floue[47]. Il faut développer l'image de la région normande, en faire la promotion sur le plan national et international.

Son message a-t-il été entendu?

• *La réaction des régions*

Il est incontestable que les Conseils régionaux de Basse et de Haute-Normandie ont fait de gros efforts d'investissements en faveur du tourisme, même si ceux-ci sont encore insuffisants.

De nombreuses actions promotionnelles ont été lancées sur des marchés prioritaires comme la région parisienne, la Grande-Bretagne, l'Allemagne et l'Italie.

En 1994, le bilan est positif pour certains départements normands qui ont appris à 'gérer leur tourisme'. M. Grandjean, délégué au tourisme au Conseil régional de la Basse-Normandie, définit sa conception d'un 'tourisme de qualité':

> Ce qu'il faut, c'est faire rester le touriste plus longtemps en lui proposant autre chose. Il faut lui offrir une palette[48] de produits touristiques qui soient complémentaires et non concurrents. Cela passe, et par le produit, et par la qualité de l'accueil, et par l'imagination. Il y a des potentialités fantastiques dans notre région mais il nous faut la bonne volonté de tous et de l'initiative.

48 range

Cependant, certains restaurateurs et hôteliers sont aussi accusés d'exploiter les touristes en leur offrant des produits chers et en leur faisant payer 'la notoriété de la région'. Difficile équilibre!

CONCLUSION

Le tourisme est peut-être l'un des secteurs économiques dans lesquels la Normandie fait preuve de la plus grande unité. En effet, en matière d'image touristique, les deux régions n'en font qu'une dans l'esprit des visiteurs extérieurs à la province:

> Dans le mythe normand, il n'y a pas de frontière administrative et le souvenir de la Pucelle[49] ou du Conquérant voisine avec les maisons à colombages du vieux Rouen ou de Honfleur, les falaises d'Etretat, le Mont-Saint-Michel, le cidre, le camembert, sur fond de chaumière, de pommiers en fleurs et de bocages où paissent[50] paisiblement les vaches normandes.
> (*Rapport de la Direction régionale de l'équipement de la Haute-Normandie*, Retombées touristiques du plan routier haut-normand, 1987)

49 Joan of Arc

50 graze

Avec environ 60 milliards de francs de revenus en 1993, le tourisme est un secteur économique vital pour la France. Il ne peut être négligé dans une région qui connaît des difficultés économiques et un taux de chômage élevé.

Le Comité régional de tourisme de Normandie, situé à Evreux, met en place un programme de promotion touristique commun aux deux régions normandes. Espoir d'une Normandie 'une et indivisible' en matière de tourisme? Pourquoi pas?

ACTIVITÉS

1. Imaginez que vers 1850, vous voyez arriver dans un petit port normand des personnes de la haute société parisienne qui viennent prendre des bains de mer. Vous écrivez à un ami ce que vous ressentez en les voyant.

2. Traduisez en anglais le passage de Marcel Proust, p. 120 (Nous y vîmes... eussent pris sa table).

3. Lisez attentivement la section sur le tourisme vert (pp. 123-4) et expliquez les avantages et des inconvénients de cette forme de tourisme pour les agriculteurs concernés.

4. Faites une liste des raisons pour lesquelles la Normandie s'est spécialisée dans un tourisme de résidences secondaires.

5. Vous travaillez pour une agence de publicité chargée de produire la prochaine brochure touristique du Comité de tourisme de Normandie.
     On vous demande de faire une enquête, à l'aide d'un questionnaire, sur l'image de la Normandie – tant négative que positive – dans l'esprit du Français moyen en tant que destination touristique. Vous préparez un questionnaire à choix multiple d'une page environ.

CONCLUSION

Reverra-t-on un jour une grande région normande telle qu'elle existait dans le passé? Cette question, souvent posée, reste sans réponse.

Lorsque les régions administratives ont été constituées en 1955, les liens historiques unissant les différentes parties de la Normandie n'ont pas été suffisants pour surmonter les rivalités existant entre les deux régions.

Cependant, on assiste aujourd'hui à un phénomène nouveau: les régions reviennent en force dans les priorités de l'Union européenne qui voudrait leur donner plus de responsabilités. Le climat économique actuel favorise la formation de blocs faits de plusieurs régions. Dans ce contexte élargi, se pourrait-il que les deux régions n'en fassent qu'une prochainement?

• *Une grande Normandie?*

Les deux régions normandes se sont habituées à leur indépendance et ont chacune leur conseil régional et leur capitale régionale. Malgré quelques efforts de collaboration, dans le tourisme en particulier, elles ont du mal à travailler ensemble et les rivalités qui les divisent reviennent rapidement à la surface.

Elles semblent parfois attirées aujourd'hui par des sphères d'influence différentes mais on les retrouve aussi collaborant à des projets spécifiques européens.

• *La Basse-Normandie et l'ouest de la France*

Certaines ressemblances rapprochent la Basse-Normandie des autres régions de l'ouest de la France, notamment la Bretagne. Les similitudes de relief, l'importance de l'élevage dans l'agriculture, le développement des cultures marines, la prédominance des industries agro-alimentaires, l'organisation de la région en réseau de petites villes, un quotidien régional commun, tout cela a déjà été signalé.

A l'initiative des Pays de la Loire et de la Bretagne, un groupe de pression a été formé au niveau européen, l'**Arc Atlantique**. Il se compose de 26 régions:

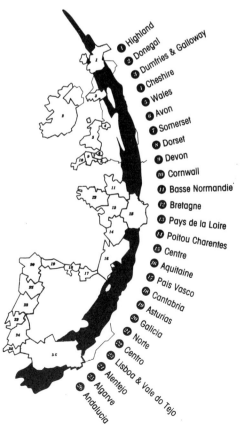

❶ Highland
❷ Donegal
❸ Dumfries & Galloway
❹ Cheshire
❺ Wales
❻ Avon
❼ Somerset
❽ Dorset
❾ Devon
❿ Cornwall
⓫ Basse Normandie
⓬ Bretagne
⓭ Pays de la Loire
⓮ Poitou Charentes
⓯ Centre
⓰ Aquitaine
⓱ País Vasco
⓲ Cantabria
⓳ Asturias
⓴ Galicia
㉑ Norte
㉒ Centro
㉓ Lisboa & Vale do Tejo
㉔ Alentejo
㉕ Algarve
㉖ Andalucía

La Basse-Normandie en fait partie mais pas la Haute-Normandie!

• *La Haute-Normandie et le Bassin parisien*

'Les pieds dans la mer, la tête à Paris', la Haute-Normandie jouit et souffre d'une dépendance extrême vis-à-vis de l'Ile-de-France et de Paris. Comme avec tous les endroits à une heure, une heure et demie de Paris, les échanges Paris-province sont nombreux.

Trois mille Hauts-normands se rendent tous les jours à Paris pour leur travail et ce chiffre ne cesse d'augmenter. Parmi ces voyageurs, on trouve de nombreux cadres[1], ce qui contribue à une 'fuite des cerveaux'[2] vers la capitale.

L'Ile-de-France est le principal client de la Haute-Normandie. C'est aussi là que se trouve le siège[3] des entreprises industrielles de Haute-Normandie, réduisant le contrôle exercé par la région sur des décisions qui affectent souvent l'avenir de la population normande.

Cette situation de dépendance inquiète de nombreux responsables politiques hauts-normands.

• *La Normandie et le grand Bassin parisien*

Malgré ces inquiétudes, la Basse-Normandie et la Haute-Normandie ont rejoint six autres régions, la Picardie, la région Champagne-Ardennes, la Bourgogne, le Centre, les Pays de la Loire, avec au centre l'Ile-de-France, pour former un **'grand Bassin parisien'**, capable de peser de tout son poids économique dans la nouvelle Europe.

1 executives
2 'brain drain'

3 head office

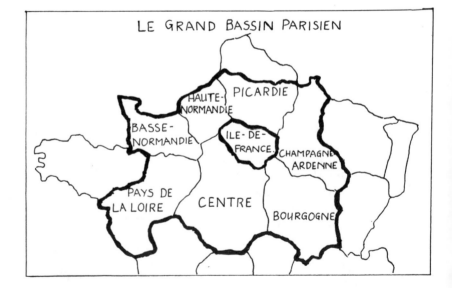

LE GRAND BASSIN PARISIEN

Elles étudient des projets d'action dans les transports, la recherche, l'environnement et l'enseignement supérieur. Les deux régions normandes se retrouvent donc dans ce programme.

• *L'arc Manche*

Parallèlement, certains Normands, craignant d'être 'aspirés'[4] par Paris et sa région, seraient plutôt favorables à une collaboration accrue entre les deux régions normandes et les régions du nord de la France, la Picardie et le Nord – Pas-de-Calais.

4 'sucked in'

Géographiquement, l'ouverture du tunnel sous la Manche rapproche ces régions de la Grande-Bretagne. Mais, les liens culturels sont peu développés entre le Nord et la Normandie et ce projet d'un arc Manche n'est qu'au stade de l'étude.

• *Une province bien située en Europe*

De nos jours, être proche du consommateur est un atout. De ce point de vue, la Normandie, spécialement la Haute-Normandie, est à la périphérie des régions les plus riches et les plus industrialisées de France et d'Europe.

Six capitales européennes, Londres, La Haye, Bonn, Luxembourg, Paris, Bruxelles, qui représentent à elles seules 20% de la population européenne et 25% du PIB européen, sont situées à de courtes distances.

Par sa situation géographique, la Normandie est donc bien placée dans les années à venir pour bénéficier d'investissements industriels majeurs.

• *Un risque de développement 'à deux vitesses'?*

Dans ce contexte, l'intégration des parties les plus éloignées de la Basse-Normandie au développement économique européen reste problématique. L'infrastructure routière et ferroviaire y est encore déficiente et on peut craindre, tout comme à l'époque de la révolution industrielle, une accentuation des disparités entre l'est et l'ouest de la province.

Les Normands ont souvent été accusés de 's'être endormis dans leurs pâturages' (*L'Expansion*, 1983) et d'avoir négligé leur énorme potentiel. Depuis quelques années, les mentalités changent rapidement du fait de la sévérité des bouleversements que connaissent tous les secteurs économiques. Bien placée en Europe, la Normandie n'a pas encore dit son dernier mot!

BIBLIOGRAPHIE

OUVRAGES CONSULTÉS:

Boithias, J.-L. et Mondin, C., *La maison rurale en Normandie*, Cahiers de construction traditionnelle, Editions CREER, Nonette, Puy-de-Dôme, 1982:
– La Haute-Normandie
– La Basse-Normandie

Bonneton, Christine (éditeur), *Normandie*, Encyclopédies régionales, 1978.

Bouard, Michel de (direction), *Histoire de la Normandie*, Privat, Toulouse, 1987.

Clary, D., *La façade littorale de Paris, le tourisme sur la côte normande*, Orphrys, Paris.

Désert, G., *La Normandie de 1900 à nos jours*, Paris, 1978

Frémont, Armand, *Paysans de Normandie*, Flammarion, 1981.

Lacoste, Yves, *Géopolitiques des régions françaises* (tome 2, la Façade occidentale), Librairie Arthème Fayard, 1986.

Lechanteur, F., *La Normandie traditionnelle*, OCEP, Coutances, 1983.

Ledun, Marcel, *Ma vie de Terre-Neuva*, Editions Association Fécamp/Terre-Neuve, musée des Terre-Neuvas, 1992.

Léonard, E. G., *Histoire de la Normandie*, PUF, Paris, 1948.

Leroux, B. et Quétel, C., *Vivre et manger normand*, Editions IDP, 1983

Mollat, Michel, *Histoire de Rouen*, Privat, Toulouse, 1979.

Sclaresky, Monique, *La belle époque sur la côte normande*, Ed. Ouest-France, 1989.

Revue des Monuments Historiques,
Basse-Normandie – No 159, oct-nov 1988
Haute-Normandie – No 165, sept-oct 1989.

Haute-Normandie, Basse-Normandie: guide du tourisme industriel et technique, collection EDF, Editions Solar, 1994.

Les Haut-Normands et la mer, Archives départementales de la Seine-Maritime, Rouen, 1991.

La Seine, mémoire d'un fleuve, ouvrage collectif, Musée de la Marine de Seine, Parc Naturel Régional de Brotonne, Société d'Editions Régionales, 1994.

Diverses publications des Conseils régionaux et généraux.

Revues régionales:
    Annales de Normandie
    Etudes Normandes
    Normandie Magazine
Guide Economique de la Normandie, éditions du P'tit Normand, Rouen, 1994.

OUVRAGES RECOMMANDÉS AUX ETUDIANTS POUR POURSUIVRE CETTE ÉTUDE:

La Normandie, Daniel Clary, Que sais-je?, PUF, 1987.
Les Contes Normands, Guy de Maupassant.
Madame Bovary, Gustave Flaubert.

QUELQUES ARTICLES RÉCENTS PARUS SUR LA NORMANDIE:

Notre Histoire, 'Le Bassin Parisien et la Normandie', No 102
Le Nouvel Economiste, No 879, p.42
Le Nouvel Observateur, No 1522, p.68
Le Point, No 1084, p.57
Défis No 107 'Basse-Normandie: les patrons au secours de l'emploi'
Echo Touristique, No 2220: 'Débarquement touristique en Normandie'
L'Entreprise (Nov-Dec 93): 'Calvados - Manche - Seine Maritime'
L'Express No 2195: 'Normandie, la douceur de vivre'
Géo No 169: 'Normandie Secrète'
Grands Reportages No 139: 'Vertiges de la côte'
Magazine Littéraire No 310: 'Maupassant'

REMERCIEMENTS

- Pierre Fontaine, sans qui cet ouvrage n'aurait pas vu le jour
- Mme Xavière Perrin, conservateur au Musée Industriel de la Corderie, Notre-Dame-de-Bondeville
- M. Daniel Lefèvre, président du Comité de la pêche à Cherbourg
- M. Grandjean, chargé de mission au tourisme
- M. Renan, chargé de mission aux affaires de la mer
- M. Cuvilliez, maire de Dieppe
- Mme Catherine Le Carvennec, documentaliste au Conseil régional de la Basse-Normandie
- M. Selles, Chambre d'agriculture de Seine–Maritime
- M. Patrick Kerr, adjoint au maire de Rouen
- Mme Leroy, responsable des relations extérieures, mairie du Havre
- Mme Lavenan, Service régional des statistiques agricoles de Haute et de Basse–Normandie
- Mme M. Bouchet, INSEE, Rouen
- M. Decaux, Chambre d'agriculture de Normandie
- le Conseil régional de Basse-Normandie et ses publications
- le Conseil régional de Haute-Normandie et ses publications
- les Conseils généraux du Cavados, de l'Eure, de la Manche, de l'Orne et de la Seine-Maritime et leurs publications
- les mairies de Rouen, du Havre, de Caen, de Dieppe et de Cherbourg et leurs publications
- le Comité régional et comités départementaux du tourisme normand
- le Port autonome de Rouen et du Havre
- la Chambre de Commerce de Dieppe
- le Musée des Terre Neuvas à Fécamp
- le Musée, Centre Guillaume le Conquérant, Bayeux
- le Mémorial musée pour la paix, Caen
- le Musée de Normandie, Caen
- le Musée des Beaux-Arts et de la dentelle, Alençon
- le Haras National du Pin
- le Musée de la marine de Seine
- les quotidiens *Paris-Normandie*, *La Presse Havraise*, *Quest-France*
- les magazines *Normandie Magazine* et l'*Orne Magazine*